中华精神家园

悠久历史

天下一统

历代统一与行动韬略

肖东发 主编 钟双德 编著

中国出版集团

现代出版社

图书在版编目（CIP）数据

天下一统 / 钟双德编著. — 北京：现代出版社，
2014.11（2020.01重印）
　（中华精神家园书系）
　ISBN 978-7-5143-3071-7

Ⅰ．①天… Ⅱ．①钟… Ⅲ．①中国历史 Ⅳ．①K20

中国版本图书馆CIP数据核字(2014)第244372号

天下一统：历代统一与行动韬略

总 策 划：陈　恕
主　　编：肖东发
作　　者：钟双德
责任编辑：王敬一
出版发行：现代出版社
通信地址：北京市定安门外安华里504号
邮政编码：100011
电　　话：010-64267325 64245264（传真）
网　　址：www.1980xd.com
电子邮箱：xiandai@cnpitc.com.cn
印　　刷：山东省东营市新华印刷厂
开　　本：710mm×1000mm　1/16
印　　张：11
版　　次：2015年4月第1版　2020年1月第3次印刷
书　　号：ISBN 978-7-5143-3071-7
定　　价：40.00元

党的十八大报告指出："文化是民族的血脉，是人民的精神家园。全面建成小康社会，实现中华民族伟大复兴，必须推动社会主义文化大发展大繁荣，兴起社会主义文化建设新高潮，提高国家文化软实力，发挥文化引领风尚、教育人民、服务社会、推动发展的作用。"

我国经过改革开放的历程，推进了民族振兴、国家富强、人民幸福的中国梦，推进了伟大复兴的历史进程。文化是立国之根，实现中国梦也是我国文化实现伟大复兴的过程，并最终体现为文化的发展繁荣。习近平指出，博大精深的中国优秀传统文化是我们在世界文化激荡中站稳脚跟的根基。中华文化源远流长，积淀着中华民族最深层的精神追求，代表着中华民族独特的精神标识，为中华民族生生不息、发展壮大提供了丰厚滋养。我们要认识中华文化的独特创造、价值理念、鲜明特色，增强文化自信和价值自信。

如今，我们正处在改革开放攻坚和经济发展的转型时期，面对世界各国形形色色的文化现象，面对各种眼花缭乱的现代传媒，我们要坚持文化自信，古为今用、洋为中用、推陈出新，有鉴别地加以对待，有扬弃地予以继承，传承和升华中华优秀传统文化，发展中国特色社会主义文化，增强国家文化软实力。

浩浩历史长河，熊熊文明薪火，中华文化源远流长，滚滚黄河、滔滔长江，是最直接的源头，这两大文化浪涛经过千百年冲刷洗礼和不断交流、融合以及沉淀，最终形成了求同存异、兼收并蓄的辉煌灿烂的中华文明，也是世界上唯一绵延不绝而从没中断的古老文化，并始终充满了生机与活力。

中华文化曾是东方文化摇篮，也是推动世界文明不断前行的动力之一。早在500年前，中华文化的四大发明催生了欧洲文艺复兴运动和地理大发现。中国四大发明先后传到西方，对于促进西方工业社会的形成和发展，曾起到了重要作用。

中华文化的力量，已经深深熔铸到我们的生命力、创造力和凝聚力中，是我们民族的基因。中华民族的精神，也已深深植根于绵延数千年的优秀文化传统之中，是我们的精神家园。

总之，中华文化博大精深，是中国各族人民五千年来创造、传承下来的物质文明和精神文明的总和，其内容包罗万象，浩若星汉，具有很强的文化纵深，蕴含丰富宝藏。我们要实现中华文化伟大复兴，首先要站在传统文化前沿，薪火相传，一脉相承，弘扬和发展五千年来优秀的、光明的、先进的、科学的、文明的和自豪的文化现象，融合古今中外一切文化精华，构建具有中国特色的现代民族文化，向世界和未来展示中华民族的文化力量、文化价值、文化形态与文化风采。

为此，在有关专家指导下，我们收集整理了大量古今资料和最新研究成果，特别编撰了本套大型书系。主要包括独具特色的语言文字、浩如烟海的文化典籍、名扬世界的科技工艺、异彩纷呈的文学艺术、充满智慧的中国哲学、完备而深刻的伦理道德、古风古韵的建筑遗存、深具内涵的自然名胜、悠久传承的历史文明，还有各具特色又相互交融的地域文化和民族文化等，充分显示了中华民族的厚重文化底蕴和强大民族凝聚力，具有极强的系统性、广博性和规模性。

本套书系的特点是全景展现，纵横捭阖，内容采取讲故事的方式进行叙述，语言通俗，明白晓畅，图文并茂，形象直观，古风古韵，格调高雅，具有很强的可读性、欣赏性、知识性和延伸性，能够让广大读者全面接触和感受中国文化的丰富内涵，增强中华儿女民族自尊心和文化自豪感，并能很好继承和弘扬中国文化，创造未来中国特色的先进民族文化。

2014年4月18日

上古时期——谋定天下

中古时期——文韬武略

近古时期——雄兵征战

近世时期——安邦定国

谋定天下

春秋战国是我国历史上的上古时期。其间曾发生过几次推动社会进步的重要战争，如夏商之际的鸣条之战、西周初年的牧野之战及战国末年的长平之战，它们对我国历史产生了深远的影响。

战争中体现出的军事谋略和战争艺术，在我国乃至全人类战争史上都占有极其重要的地位，对后世产生了深远的影响，早已经成为了全人类共同的精神财富。

商汤发起鸣条之战灭夏

商汤在灭夏的过程中，制定了正确的战略方针。他广泛争取民众，揭露夏桀的残酷暴行，为战争的胜利奠定了深厚的群众基础，得到了广大群众的支持。

在军事战略上，他在贤臣伊尹等人的得力辅佐下，精心谋划，逐一剪除了夏桀的羽翼。然后择机起兵，并于鸣条之野打败了夏桀，一举消灭了夏王朝，建立了我国历史上第二个奴隶制王朝商朝。

商王朝的建立，对我国历史上历代王朝的更迭影响深远。

■ 商汤画像

商原来是夏王朝的一个诸侯国，是黄河下游的一个部落。到夏朝末年时，商汤做了商部落的首领，他是一个有远见又十分仁义的人。

当时的夏朝帝王夏桀暴虐残忍，喜好淫乐，腐败至极。面对夏王朝黑暗统治，各个诸侯国民心渐失的局面，商汤决心收拢民心，取缔夏朝，便采取了一系列强商弱夏的措施。

商汤为了削弱夏王朝的势力，排除灭夏的障碍，争取更多的诸侯反夏，首先就从邻国葛开始。《尚书》中说："商汤一征，自葛始。"

■ 夏代嵌贝彩陶鬲

葛是亳西面的一个诸侯国，在夏王朝所属的诸侯国中并不算大。葛伯是一个忠实于夏桀的奴隶主，是夏桀在东方地区诸侯国中的一个耳目，是商汤灭夏大计的阻碍。葛伯是一个好吃懒做的人，就连在古代社会中视为国家大事的祭祀天地神鬼都不愿执行。

商汤得知葛伯已有很长时间没有举行过祭祀，就派了使者前去询问原因。葛伯说："我们不是不懂得祭祀的重要，只是每次祭祀都要用许多牛羊，我们现在没有牛羊，拿什么祭祀呢？"

商使汇报给商汤。商汤听完使者的报告，就派人挑选了一群肥大的牛羊给葛伯送去。葛伯见商汤相信

夏桀 又名癸、履癸。夏朝君主发之子。夏朝的最后一位帝王，在位52年。商汤赐他谥号"桀"，即凶猛的意思。夏桀文武双全，但荒淫无度，暴虐无道。后被商汤击败，在今山西省安邑县西的重镇鸣条被商汤俘获，最后饿死。夏朝灭亡。

■ 商代骨刻刀

了他的谎言，居然得到了不少牛羊，窃喜，就将牛羊全部杀来吃了，仍然不祭祀。

商汤得知葛伯还没有祭祀，再次派使者至葛询问为什么不祭祀。葛伯又说："我们的田中种不出粮食，没有酒饭来做贡品，当然就举行不了祭祀。"

商汤又派亳地的人前往葛地去帮助种庄稼，酒饭也由亳人自己送。但每次送饭，葛伯就派人在葛地将酒饭抢走，并且还杀死不听话的人。

商汤见葛伯是死心塌地的与商为敌，不能再用帮助的办法来争取，就率兵到葛去把葛伯杀了。

因为葛伯不仁，所以商汤灭葛的行动，在诸侯中不但没有人反对，还一同指责葛伯的不仁，被杀是咎由自取。有的诸侯、方国的人民怨恨夏桀的暴虐，还盼望商汤前去征伐，他们愿意从夏王朝的统治下解脱出来归顺商汤。

另外，还有一些诸侯、方国自愿归顺商汤。商汤就对归顺的诸侯、方国都分别授予贵重的玉制品。

商汤从伐葛国开始，逐步剪除夏的羽翼，削弱夏桀的势力。在这个过程中，商汤的右相伊尹和左相仲

方国 指我国古代高于部落以上的、稳定的、独立的政治实体，即早期城邦式的原始国家，距今4000年前。现今对方国的认识主要来源于商朝晚期的殷墟遗址出土的甲骨卜辞，卜文中多以"x方"的形式称呼这些部落国家，故称"方国"。

虺起了重要的作用。尤其是伊尹对商汤的影响和帮助更大一些。

伊尹出生在伊水边，长大后流落到有莘氏。伊尹在有莘国做管理膳食的小头目过程中，商汤与有莘氏经常往来。伊尹见商汤是一个有德行、有作为的人，就在商汤娶有莘氏之女时，作为陪嫁跟随至商。此后，他利用每天侍奉商汤进食的机会，分析天下的形势，数说夏桀的暴政，劝商汤蓄积力量灭夏桀。

商汤发现伊尹的想法正合自己的主张，是一个有才干的人，就破格免去伊尹的奴隶身份，任命为右相。左相仲虺也见伊尹是一个贤才，两人的政治主张也相同，也就一心和伊尹合作共同辅佐商汤蓄积力量，准备灭夏。

商汤经常率领仲虺和伊尹出外巡视四周的农耕、畜牧。有一次商汤走到郊外山林中，看见一个农夫在东南西北四面张网捕鸟，非常感慨地说："要是如此地张网，就会完全把鸟捉尽，这样做实在太残忍了！"

那个农夫深受感动，就照商汤的做法，收去三面的网，只留下一面。这就是流传到后世的"网开三面"的成语故事。

伊尹 名伊，一说名挚，商初大臣，生于伊洛流域古有莘国的空桑涧，即后来的山东曹县。伊尹一生对我国古代的政治、军事、文化、教育等多方面都做出过卓越的贡献，是杰出的思想家、政治家和军事家，也是我国历史上第一个贤能相国、帝王之师和中华厨祖。

■ 商代玉护甲

商代龙纹刀

与"一网打尽"的贪婪相比，"网开三面"显示了商汤宽以待人的风范。那些和夏朝离心离德的诸侯听了这个故事后，都认为商汤是有德之君，可以信赖，归商的诸侯很快地就增加到数十个。商汤的势力也越来越大。

在当时，夏桀的统治已经很腐败了。为了观察夏王朝的情况，伊尹向商汤出谋，由他亲自去夏王都住一段时间，观察夏的动静。商汤就准备了土特产、贡品，派伊尹为使臣去夏的都城斟鄩朝贡。伊尹在夏的都城一住就是三年，认真观察夏桀及王朝的情况。

伊尹回到商后和仲虺商议，向商汤献了一策，就是不能急于出兵伐桀，还要蓄积更大的力量，继续削弱拥护夏王朝的势力，等待时机。商汤接受了伊尹的主张，做了积极的思想准备。

在夏王朝的诸侯、方国中，东部地区就有3个属国是忠于夏桀，一个是彭姓的韦，一个是己姓的顾，一个是昆吾。这3个方国执意与商为敌，他们监视着商汤的活动，还经常向夏桀报告。因此，商汤和伊尹、仲虺决心除掉这3个夏桀的羽翼。

就在商汤准备进征韦时，夏桀得知这一情况，于是派使臣至商召商汤入朝。夏桀得知商汤已来到，就下令将商汤囚禁在夏台。

伊尹和仲虺得知夏桀将商汤囚禁起来以后，就搜集了许多珍宝、玩器和美女献给夏桀，请求释放商汤。夏桀是一个贪财好色之徒，看见商送来的珍宝、玩器和美女，非常高兴，就下令将商汤释放回商。

夏桀囚商汤之事在诸侯、方国中引起了更大的恐慌。据说同一天就有500个诸侯到商汤那里去任职。夏桀囚商汤不但没有达到惩罚的目的，反倒加速了其统治基础的瓦解，更加削弱了自己的势力。

商汤回商以后，见叛夏归商的人越来越多，就和伊尹、仲虺商议征伐韦国和顾国的事。经过一番谋划和准备之后，商汤和伊尹就率领助商各方的联合军队，先对韦进攻。

商汤率大兵压境，韦连求援都来不及，很快就被商军灭亡。韦被灭，顾国势单，商汤接着又挥师东进，乘胜也将顾国灭了。韦、顾二国的土地、财产和人民尽归商所有。

地处韦、顾二国北邻的昆吾国，相传是祝融的后代封在昆吾所建的一个方国。它在夏王

■ 商代饕餮纹罍

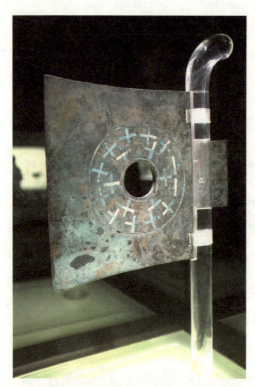

■ 夏代十字纹方钺

朝的属国中算是一个较大的方国，国君被称为"夏伯"。

夏伯见韦、顾二国被商汤所灭，立即整顿昆吾军准备与商相战。同时派使臣昼夜兼程赴夏王都，向夏桀报告商汤灭韦、顾二国的情况。夏桀非常恼怒，于是下令起"九夷之师"，准备征商。

商汤本想率军去灭昆吾，然后征东夷，进而灭夏桀。伊尹阻止了商汤，并说："东夷之民还服从桀的调遣，听夏的号令，此时去征伐不会取得胜利，灭夏时机尚未成熟，不如遣臣向桀入贡请罪，臣服供职，以待机而动。"

商汤采纳了伊尹之谋，暂时收兵。备办了贡品，写了请罪称臣的奏章，使臣带到夏王都，在离宫中朝见了夏桀。

夏桀见了贡物和请罪奏章以后，和身边的谀臣们商议，谀臣们就向桀祝贺说："大王威震天下，谁也不敢反叛，连商侯也知罪认罪，可以不出兵征伐，安享太平。"

这样夏桀就下令罢兵，仍然整天饮酒作乐。

夏桀下令罢兵不征伐商，可是一年之后，昆吾的夏伯自恃其能，率军向商进攻。伊尹见昆吾死心塌地效忠于夏桀，一心与商为敌，就请商汤率军迎战昆吾。一战而大败昆吾军，再战而杀夏伯灭昆吾，并昆吾土地、人民入商。

伊尹又出谋说："今年本应向桀入贡，且先不入贡以观桀的动静。"商汤听从伊尹的建议，不再向夏桀入贡。

当夏桀得知商汤又灭了昆吾而不再入贡，就下令起九夷之师伐商。但九夷之师不听号令。夏桀又下令调东夷的军队征伐商汤，但因桀反复无常，昆吾又是助桀为虐，与商为敌，东夷的首领们也看出夏桀不会长久，最后也不听他的调遣。伊尹见九夷之师不起，灭夏的时机成熟了，就请商汤率军征桀。

商汤和仲虺、伊尹率领由70辆战车和5000步卒组成的军队西进伐夏桀。夏桀调集了夏王朝的军队，开出王都。夏商两军在鸣条之野相遇，展开了大会战。

会战开始之前，商汤为了鼓舞士气，召集了参加会战的商军和前来助商伐夏的诸侯、方国的军队，宣读了伐夏的誓词。

这就是《尚书》中的《商汤誓》。在誓词中，商汤揭露了夏朝政治的黑暗和夏桀的残暴，声称要代表天意去讨伐他。《商汤誓》是商汤在鸣条会战前的动员令，极大地振奋了士气。

两军交战的那一天，夏桀登上附近的小山顶观战。激烈的战争正在进行时，天忽降大雨，夏桀又急忙从山顶奔下避雨。

鸣条 古地名，又名高侯原，在今山西省运城夏县西。一说在古陈留治下，即今河南省新乡市封丘东。相传商汤伐夏桀战于此地。商汤大获全胜，夏桀大败南逃，死于南巢，夏朝由此灭亡。鸣条之战是历史上很有名的一次战争，也是夏商周三代的第一次王朝更迭。

■ 商代青铜柄玉矛

羌人 曾是古东方大族，形成于青藏高原地区，是古中原的地区最著名的民族共同体之一，从传说时代的"三皇五帝"至春秋战国之际，"姜姓"族群在中原政治、经济等领域始终占有重要的地位，是华夏族的重要组成部分。历史上因时代、地域的不同，羌人又被称之为"姜""羌""氐羌""羌戎"和"西羌"等。以羊为图腾，在我国上古时期地位显赫。

夏军将士本来就不愿为桀卖命，此时，也乘机纷纷逃散。夏桀制止不住，只得仓皇逃入城内，随后又登上一艘小船，渡江向南巢逃窜。

商军穷追不舍，俘获了夏桀，后来就把他流放于南巢。夏桀养尊处优惯了，在这穷乡僻壤之地，无人服侍，自己又不会劳动，最后活活饿死。

商汤和伊尹为了彻底消灭夏王朝的残余势力，又率军西进，很快就占领了夏都斟鄩。夏朝的亲贵大臣们都表示愿意臣服于商汤。

商汤和伊尹安抚了夏朝的臣民后，就在斟鄩举行了祭天的仪式，向夏朝的臣民们表示他们是按上天的意志来诛伐有罪的桀。

商汤和伊尹在夏王都告祭天地以后就率军回到了亳。这时期商的声威已达于四方，各地的诸侯、方国以及大大小小的氏族、部落的酋长们都纷纷携带贡品到亳来朝贺，表示臣服于商汤，就连远居西面的羌人等部落也都前来朝见商汤。

商汤对前来朝贺的诸侯皆以礼相待，商汤自己也

■ 商代玉戈

只居于诸侯之位，表示谦逊。商汤在诸侯的拥护下，取得了天下共主的地位，随后告祭上天，宣布商王朝的建立。

商汤建立商朝后，对内减轻征敛，鼓励生产，安抚民心，从而扩展了统治区域，影响远至黄河上游。由于商汤以武力灭夏，打破了国王永定的说法，从此我国历代王朝皆如此更迭。

就鸣条之战而言，此战是

夏代管流爵

我国古代通过"伐谋""伐交""伐兵""用间"达到战争速胜的最早的成功战例，对于后世战争的发展、军事理论的构建，都产生了深远的影响。

阅读链接

伊尹是平民时就以才能和厨艺高超而名闻四方。商汤听说后，向他询问天下大事。伊尹从烹调的技术要领和烹调理论，引出治国平天下的道理。商汤听后心悦诚服。后来，商汤尊伊尹为宰相，并在他的辅佐下，讨伐夏桀，建立了商朝。

伊尹以美味来讨论治国的道理。老子也曾说过："治大国如烹小鲜。"凡事物的至理，大都暗合于道。虽然饮食只是小道，一旦达到极致，也包含天下的至理。

周武王牧野之战起兵伐商

牧野之战在历史上称"武王克殷""武王伐纣"。为了赢得这场战争的胜利，周武王做了十分充分的准备，一是大力发展西周经济，从而保证了灭商的经济基础；二是团结一切可以团结的反商力量，组成了反商的统一阵营；三是正确把握住了战略决战的时机。

牧野之战是我国古代车战初期的著名战例，有着非常重要的研究价值。周朝为争取人心、剪商羽翼、乘虚进攻的谋略，对我国古代的军事思想的发展有着深远的影响，可以称得上是历史典范。

■ 周武王画像

商汤所建立的商王朝，历经初兴、中衰、复振、全盛、衰弱诸阶段后，到了商纣王帝辛即位时期，已步入了全面危机的深渊。

■ 周文王画像

在商纣王的统治下，商王朝政治腐败，刑罚酷虐，并且连年对外用兵，民众负担沉重。贵族内部也矛盾重重，即将分崩离析，整个社会动荡不安。

与日薄西山、奄奄一息的商王朝形成鲜明对比的是，商的西方属国周的势力正如日中天、蒸蒸日上。周部落经过几代人的努力，其实力逐渐增强。

到了周文王姬昌即位后，任用熟悉商朝内部情况的贤士姜尚，励精图治，发展生产，造成了清明的政治局面，为伐纣灭商的宏伟大业做好了准备。

在修明内政的同时，周文王向商纣发起了积极的政治和外交攻势。他请求商纣"去炮烙之刑"，从而赢得了广泛的赞誉，同时也最大限度地孤立商纣王。

他颁布搜索逃亡奴隶的法令，保护奴隶主们的既得利益。他公平地处理了虞、芮两国的领土纠纷。通过这些措施，周文王扩大了政治影响，瓦解了商朝的附属小国。

姜尚（前1156年—前1017年），字子牙，先后辅佐了6位周王，因是齐国始祖而称"太公望"，俗称姜太公。西周初年，被姬昌封为"太师"，尊为"师尚父"。后辅佐周武王灭商。因功封于齐，成为周代齐国的始祖。他是我国历史上最享盛名的政治家、军事家和谋略家。

牧野之战

朝歌 古代地名，位于河南省北部鹤壁的淇县。殷商末期纣王在此地建行都，后改称朝歌。周灭商后，三分其地。朝歌北边是邶，东边是鄘，南边是卫。封康叔建立卫国，建都于此地403年之久。汉代置朝歌县，元代置淇州，明代改为淇县。

在各方面准备工作基本就绪之后，周文王在姜尚的辅佐下，制定了正确的伐纣军事战略方针。其第一个步骤，就是剪商羽翼，对商都朝歌形成包围态势。

为此，周文王首先向西北和西南用兵，相继征服犬戎、密须等方国，消除了后顾之忧。接着，又组织军事力量向东发展，东渡黄河，先后剪灭黎、崇等商室的重要属国，打开了进攻商都朝歌的通路。

至此，周已处于"三分天下有其二"的有利态势，伐纣灭商只不过是一个时间问题。

周文王在完成剪商大业前夕逝世，其子姬发继位，为周武王。周武王即位后，继承乃父遗志，遵循既定的战略方针，并加紧予以落实。

公元前1048年，周武王出兵崤函，到中原与其他诸侯国会盟。会盟的地点在黄河北岸的一个渡口，后来因此被称为孟津，即今河南孟县。

《史记》中说"不期而会孟津者八百诸侯"，其实不是什么"不期而会"，而是事先早有联络，关中和江汉间的许多方国都参与了孟津大会。

在"孟津观兵"的过程中，周武王还自导自演了不少好戏。他出兵时，将周文王的灵位摆在中军的战车上，自称"太子发"，说是奉周文王遗志以伐，不敢自主。

在到达孟津后，周军与诸侯进行了联合军事演习，据说期间祥瑞屡出：在渡黄河时，有白鱼跃入周武王舟中，象征商军落入周武王之手；旋即又有一道火焰化为赤鸟，飞到周武王的营帐上鸣叫，又象征周的昌盛。

就在周兵与诸侯会盟孟津的一年后，商朝发生了激烈的内乱。商纣王杀了伯父比干，囚禁了另一个伯父箕子，另一些被牵连的贵族如微子等则审时度势，投奔了周。

■ 周代战车

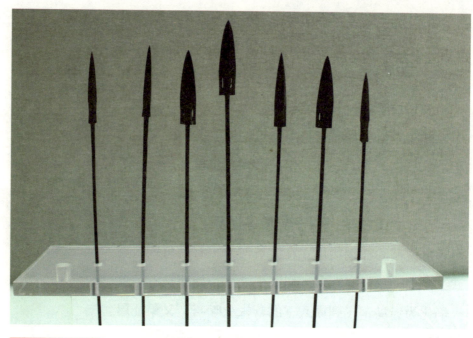

■ 周代箭镞

牧野 古地名。在今新乡市北部，包括新乡市所辖凤泉区、卫辉、获嘉等地。著名的"牧野之战"发生地，它决定了一个延续555年的殷商王朝的灭亡，一个近800年的大周王朝的诞生。牧野原非专有名词，这里是相对于殷都朝歌而言的。从朝歌城由内向外，分别称作城、郭、郊、牧和野。

周武王从来奔的殷商贵族那里得到了不少朝歌的机密情报。商纣王的昏聩无道，进一步促成了周武王发兵的契机。周武王见时机已经成熟，决定出兵伐商，同时通知去年在孟津会盟的诸侯一起出兵。

按照当时姜尚制订的伐商战略计划：趁商朝主力军滞留东南之际，精锐部队以迅雷不及掩耳之势，深入王畿，击溃朝歌守军，一举攻陷商都，占领商朝的政治中心，瓦解商政权，让残余的商人及其附属方国的势力群龙无首，然后各个击破。

按照这一计划，公元前1046年，周武王亲率战车300乘，精锐武士3000人，以及步兵数万人，出兵东征。周无疑已经倾巢出动。

周军渡过黄河到前年会盟的孟津与友军会师。第一批赶到的，有庸、羌、濮等8个方国，不少方国的国君亲自赶来，总兵力达到4.5万人左右。

从孟津到朝歌，是商王经常巡猎的区域，道路状况良好，因而此后几天，联军能够以每天近30千米的速度急行军，比平常的速度要快一倍。

联军赶到朝歌城外的牧野。这里是通向朝歌的要道，同时也是商朝戍卫部队的驻扎地。联军没有贸然进攻，而是停下来开始布阵。从关中出发到兵临朝歌，总共用了一个月的时间。就当时的条件而言，这一速度可以说是惊人的。

联军布阵未完就下起了雨，后来冒雨完成了布阵。第二天拂晓，周武王在众军面前进行誓师。周武王慷慨激昂地说："俗话说，母鸡司晨，是家中的不幸。现在纣王只听信妇人之言，连祖宗的祭祀也废弃了。他不任用自己的王族兄弟，却让逃亡的奴隶担任要职，让他们去危害贵族，扰乱商。今天，我姬发是在执行上天的惩罚……战士们，努力呀！"

顿时，周军将士们士气大振，欢呼声响彻云霄。

周武王又郑重宣布了作战中的行动要求和军事纪律：每前进六七

周代主力武器戈

天下一统

历代统一与行动韬略

■ 周代贵族武器

步，就要停止取齐，以保持队形；每击刺四五次或六七次，也要停止取齐，以稳住阵脚。严申不准杀害降者，以瓦解商军。

朝歌方面，商纣王早就听说周人从孟津退兵的消息，这更增强了他对天命在己的信心。可是没有想到，对方竟然这么快就卷土重来，而且来势凶猛，很快就兵临城下。

此时，商军主力还远在东南地区，无法立即调回。当时朝歌城内尚有大量奴隶和战俘，于是，商纣王迅速把他们武装起来，亲率少量禁卫军押送，奔赴前方战场。

联军的战鼓震天般擂了起来，战斗开始了。周军的战术是先由姜尚率数百名精兵上前挑战，震慑商军并冲乱其阵脚，然后周武王亲率主力跟进冲杀，将对方的阵形彻底打乱。

广阔平坦的牧野大地上，数十辆在朝阳下熠熠生

禁卫军 我国古代皇帝或王侯的直属卫队。周天子的禁卫军名为"虎贲"，诸侯的禁卫军名为"旅贲"。据记载，王在出行时，虎贲在前后警卫；王休止时，虎贲宿卫王的行宫。此外，虎贲还可以跟随士大夫出使四方，或在道路不通时奉征令之书向四方传达。

辉的战车组成小小的一字阵形，快速逼近商军阵线。商军前排的弓弩手开始放箭，几匹战马悲嘶着倒在血泊中，几辆战车歪到了一边。

但大部分的战车仍不为所动，如飞鹰扑击一般，冲向商军的旗帜之林中。霎时间，商军10余万人如同潮水一般退去，身后是大举追击的联军车阵。

这一天夕阳西下的时候，商纣王狼狈地逃回了鹿台。周人的军队从四面八方涌来，把鹿台团团围住。

商纣王知道，这是他最后的时刻了。他要做得符合王者的尊严。他穿上了缀满玉石的宝衣，又在身边堆满了燔柴，然后用火把点着了身边的柴草……

大战结束的第二天，周武王在将帅们的簇拥下，在商宫中举行了盛大的的仪式，建立了周朝。

鹿台 商纣王所建的宫苑建筑，是商纣积财处。纣建鹿台七年而就，工程之大不言而喻。地点就在淇县城西太行山东麓。史书记载："厚赋税以实鹿台之钱。"商纣王在这里筑鹿台，一则固本积财，长期驾驭臣民，二则讨好妲己，游猎赏心。建造鹿台中死伤人丁无数，百姓们怨声载道。鹿台的建造为殷商灭亡敲响了丧钟。

阅读链接

周武王做事谨慎。当年他伐纣前，有人对他说："纣王无道，百姓都在发牢骚，我们是否要讨伐？"

周武王说："再等等。"

后来又有人对周武王说："纣王无道，百姓不再发牢骚，而是破口大骂，是否应该讨伐？"

周武王说："再等等。"

后来又有人对周武王禀报说："商朝百姓都不再说话了，百姓路上见面都低头而过，面带恐惧。"

周武王说："现在可以了。"

于是，周武王起兵伐商，并于牧野一战将商军打败，迫使商纣王自焚于鹿台，建立了周朝。

长平之战催生大秦帝国

胡服图

长平之战是秦赵之间的战略决战。在战争中，秦军制定了正确的战略，采用了灵活多变的战术，一举歼灭了赵军主力，开创了我国历史上最早、规模最大的围歼战先例。

长平之战对我国历史有着深远的影响。在战后，秦国国力远远超过其他各个诸侯国，为其统一天下的形势已不可逆转，它直接催生了我国历史上第一个封建集权的大秦帝国，从而极大地加速了中华民族大一统的进程。

■ 古战车车轮

秦国自秦孝公任用商鞅变法以来，制定了正确的兼并战略且成就不凡：奖励耕战，富国强兵，国势如日中天；连横破纵，远交近攻，外交连连得手；旌旗所向，铁骑驰骋，胜利捷报频传。

在此后的100余年中，强秦破三晋，败强楚，弱东齐，构成了对六国的战略进攻态势。

在秦国的咄咄兵锋面前，韩、魏屈意奉承，南楚自顾不暇，东齐力有不逮，北燕无足轻重。只有赵国，自公元前302年赵武灵王进行"胡服骑射"军事改革以来，国势较盛，军力较强，对外战争胜多负少，且拥有廉颇、赵奢、李牧等一批能征惯战的将领，尚可与强秦进行一番周旋。

秦国要完成统一六国的伟业，一定得拔去赵国这颗钉子。自然，赵国也不是好惹的，岂会甘心束手就擒。两国之间的战略决战势所难免。

秦孝公 嬴姓，名渠梁。战国时秦国国君。谥"孝"。在位期间，对内重用商鞅实行变法，奖励耕战，建立县制行政，开阡陌，在加强中央集权的同时，不断增进农业生产；对外合纵连横。自此国力日强，为秦统一全国奠定了基础。

秦昭王长城示意图

　　秦昭王根据丞相范雎"远交近攻"的战略构想，从公元前268年起，先后出兵攻占了魏国的怀和邢丘重地，迫使魏国亲附于己。接着又大举攻韩，先后攻取了陉、高平和少曲等地。又于公元前261年攻克野王，将韩国截为两段。

　　消息传来，韩国朝廷上下一片惊恐，赶忙遣使入秦，以献上党郡向秦求和。然而，韩国的上党太守冯亭却不愿献地入秦，而做出了献上党之地于赵的选择。他的用意当然清楚：转移秦军锋芒，促成赵、韩携手，联合抵御秦国。

　　赵王目光短浅，在不计后果的情况下，接受平原君赵胜的建议，贪利受地，将上党郡并入自己的版图。赵国的这一举动，无异于虎口夺食，引起秦国的极大不满，秦、赵之间的矛盾因此而全面激化了。

　　范雎遂建议秦王乘机出兵攻赵。秦王便于公元前261年命令秦军一部进攻韩国缑氏，直趋荥阳，威慑韩国。同时命令左庶长王龁率领大军扑向赵国，攻打上党。上党赵军兵力不敌，退守长平。

赵王闻报秦军长驱东进，得地的喜悦早去了一半。只好兴师应战，派遣大将廉颇率赵军主力前往长平，企图重新占据上党。

廉颇抵达长平后，即向秦军发起攻击。遗憾的是，秦强赵弱，赵军数战不利，损失较大。

廉颇及时改变了战略方针，转取守势，依托有利地形，筑垒固守，以逸待劳，疲惫秦军。他依次设置了空仓岭防线、丹河防线和百里石长城防线。廉颇的这一招很是奏效，秦军的速决势头被抑制了，两军在长平一带相持不决。

面对廉颇的消耗战术，秦昭襄王开始调整策略：一方面，他借赵国使者郑朱到秦国议和的机会，故意殷勤招待郑朱，向各国制造秦、赵和解的假象，使赵国在外交上丧失了与各国合纵的机会，陷于孤立。

另一方面，他采用离间计，派人携带财宝前赴赵都邯郸收买赵王的左右权臣，挑拨离间赵王与廉颇的

上党郡 就是后来的山西长治。春秋属晋，及至战国，韩、赵、魏三家分晋，上党地区亦被三家瓜分。因此，战国时期韩、赵、魏三国都在上党地区占有部分土地，这一地区遂成为三国对峙的前沿，其战略地位也随之加强。并且三国都分别在自己所控制的部分土地设置上党郡。如此狭小的范围内同时设置有三个郡，这在战国时期是比较少见的。

■ 古战场复原图

蔺相如 山西柳林孟门人，一说山西古县蔺子坪人。战国时期著名的政治家、外交家。他不仅凭借着自己的智慧和勇气，让秦国的图谋屡屡受挫，更难得的是，他有容人之量，以大局为重，是一位胸怀广阔的政治家。他无畏的胆略、超人的智慧和博大的胸怀，让他驰誉九州，光耀千古。

关系。四处散布流言：廉颇不足畏惧，他固守防御，是出于投降秦军的目的，秦军最害怕赵奢的儿子赵括为将。秦终于借赵王之手，把廉颇从赵军主帅的位置上拉了下来；并使赵王不顾蔺相如和赵括母亲的反对谏阻，任命赵括为赵军主帅。

赵括是一个缺乏实战经验，只会"纸上谈兵"的庸人。他上任后，改变了廉颇的战略防御方针，积极筹划战略进攻，企图一举而胜，夺回上党。

秦昭襄王在搞乱赵国的同时，也及时调整自己的军事部署：立即增加军队，征调骁勇善战的武安君白起为上将军统率秦军。为了避免引起赵军的注意，他下令军中严守机密："有敢泄武安君为将者斩。"

这个白起，可不是寻常人物。他是战国时期最杰出的军事将领，久经沙场，曾大战伊阙，斩杀韩、魏联军24万；南破楚国，入鄢、郢，焚夷陵，打得楚人丧魂落魄。只会背吟几句兵书的赵括哪里是他的对手。

白起到任后，针对赵括没有实战经验、求胜心切、鲁莽轻敌等弱点，采取了诱敌入伏、分割包围而后予以聚歼的正确作战方针，对兵力作了周密的部署，造成了以石击卵的强大态势。

白起的具体作战部署是，首先，以原先的第一线部队为诱敌

■ 陕西出土的斜刃戈

部队，等待赵军出击后，即向预设主阵地方面撤退，诱敌深入。

其次，巧妙利用主阵地构筑起袋形阵地，以主力守卫营垒，抵挡阻遏赵军的攻势，并组织一支轻装锐勇的突击部队，待赵军被围后，主动出击，消耗赵军的有生力量。

再次，动用骑兵2.5万人埋伏在主阵地两边侧翼，待赵军出击后，及时穿插到赵军的后方，切断赵军的退路，协同主阵地上的秦军主力，完成对赵军的包围。

最后，用5000精锐骑兵插入渗透到赵军营垒的中间，牵制和监视营垒中的剩余赵军。

战局的发展果然按着白起所预定的方向进行。公元前260年，对秦军动态茫然无知的赵括统率赵军主力向秦军发起了大规模的出击。

两军稍事交锋，秦军的诱敌部队即佯败后撤。鲁莽的赵括不问虚实，立即率军实施追击。当赵军前进到秦军的预设主阵地后，即遭到了秦军主力的坚强抵抗，赵军攻势受挫。

赵括欲退兵，但为时已晚，预先埋伏于主阵地两翼的秦骑兵迅速出击，及时穿插到赵军进攻部队的侧后，迅速截断了出击赵军之间的联系，构成了对出击

■ 白起 楚白公胜之后，故又称公孙起。生于战国时的郿，就是今天的陕西省眉县常兴镇白家村。战国时期秦国兵家奇才，赫赫战神。我国历史上自孙武和吴起之后又一个杰出的军事家和统帅。

古战场出土的长阑戈

赵军的包围。另外的秦军精锐骑兵也迅速地插到了赵军的营垒之间，牵制、监视留守营垒的那部分赵军，并伺机切断了赵军所有的粮道。赵军断粮时间达46天，军心动摇。绝望之中，赵括孤注一掷，亲率赵军强行突围，最后葬身于秦军的箭镞之下。赵军失去主将，斗志全无，40万赵军全部向秦军投降。秦军大胜。

在长平之战中，秦军前后共歼赵军45万人，从根本上削弱了当时关东六国中最为强劲的对手赵国，也给其他诸侯国以极大的震慑。

这场战争秦国取得全胜，其统一天下的形势已不可逆转，从而极大地加速了中华民族大一统的进程。

阅读链接

长平之战的第二年，秦昭襄王就想让白起接替王陵继续攻打赵国，加快统一六国的步伐。白起建议说："赵国并不是好打的，而且诸侯的援兵也快到了，秦军已死伤者过半，国内空虚，不可久战，建议撤军。"

秦王再三下令，但白起始终不肯前往，后来干脆称病不出。秦昭襄王于是派其他将领替换王陵，但最终损失很大，也未能攻破邯郸。

后来，秦昭襄王恼怒命人将白起遣送远方，不得留在咸阳城内，并赐了一把剑给白起，令其自刎。

秦汉至隋唐是我国历史上的中古时期。在这1100多年的时间里，新旧王朝更替，统一与分裂反复，战争艺术日益圆融。

由于南北方不同的地理条件，北方以步兵与骑兵相结合为主，南方以步兵与水兵相结合为主，其间，山地战、河川战、丛林战和荒漠战等战法已应有尽有。

中古时期的局部统一和全国统一，标志着我国古代的战争艺术已经达到了一个新的水平。

中古时期

文韬武略

秦的统一结束割据局面

■ 秦始皇画像

秦统一六国的战争，既是战国末期最后一场诸侯兼并战争，又是我国历史上最早的一场封建统一战争。

秦国相继灭掉了北方的燕、赵，中原的韩、魏，东方的齐和南方的楚6个国家，结束了春秋以来500余年的诸侯争霸与割据的局面，建立了我国历史上第一个中央集权制国家，开创了我国历史的新时期。

公元前246年，秦嬴政即王位。他在李斯、尉缭等人的协助下制定了"灭诸侯，成帝业，为天下一统"的策略。具体的措施是，笼络燕齐，稳住魏楚，消灭韩赵；远交近攻，逐个击破。在这种战略方针指导下，一场统一战争开始了。

秦在发动攻赵之前，即依李斯、尉缭之谋，以间谍挑拨活动，挑起燕赵两国之间的战争，待燕赵战起，秦国即借口援燕抗赵，开始对赵进攻。

秦军从西面、西北面、南面三路攻赵，但把进攻的重点指向赵国南部，以陷赵军两面作战、腹背受敌的困境。

公元前236年冬，燕、赵两国正在酣战之际，秦派王翦率军进攻太行山之战略要地阏与，使这个早为秦国垂涎的战略要地一举被秦占领，从而打开了从西面进攻赵国都城邯郸的通道。

秦杨端和军进攻阏与之北的韩阳，并顺利攻克，使邯郸的西北方向也失去了屏障。秦桓齮军从南阳出发，很快攻占邺邑所属之安阳。至此，秦军已推进到了邯郸之南，仅与赵都邯郸相隔一条漳水和少数

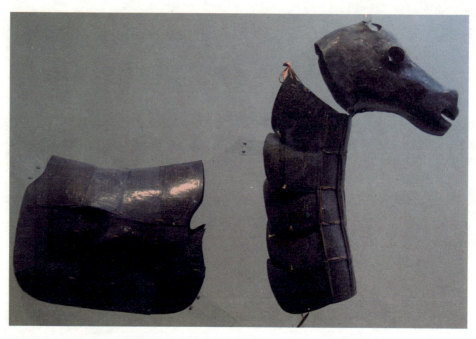

■ 战国时期战马盔甲

城邑。

面对秦军的进攻，赵王启用北部边疆名将李牧为统帅。李牧军曾歼灭匈奴入侵军10万之众，威震边疆，战斗力最强。李牧率军回赵，立即同秦军交战，沉重打击了秦军。

韩国在七国中为最小，而所处地位却最重要。它扼制秦由函谷关东进之道路，秦要并灭六国，必须首先灭韩。

公元前230年，秦为彻底灭韩，派兵再度对韩进攻，韩无力抵抗，韩王被俘。这样，韩成为当时六国最先被灭亡之国。

公元前232年，秦又出动南北两路大军对赵进攻。赵军统帅李牧决定先集中兵力，打击北面来犯的秦军，取胜后，再攻击南面的秦军。

赵军虽然在李牧统率指挥下，一再战胜，可是

李牧 生于战国时期赵国柏仁，即今邢台。战国时期的赵国将领。封"武安君"。与白起、王翦、廉颇并称"战国四大名将"。李牧是战国末年东方六国最杰出的将领之一，他战功显赫，生平未尝一败仗。

兵力损失后难以补充，单凭现有兵力无法对秦持久作战，必须立即寻求外援。而这时楚、魏业已削弱，燕、赵关系欠佳，只有联齐，争取齐国人力物力的支持，才能与秦相抗衡。

秦也察觉赵的这一企图，立即派遣一批策士到齐进行游说活动，极力破坏齐、赵的联合，孤立了赵。秦则不失良机，接着发动又一次大规模的进攻。

公元前230年，赵发生特大旱灾，秦于次年再度发动对赵大举进攻。秦军派出南北两路大军并抽调一些少数部族兵参加作战，赵军则在大将军李牧、副将司马尚指挥下，继续对秦军作战。秦军虽经苦战，但胜负未分。

秦始皇和他的谋臣认为，秦两次伐赵均被李牧所阻，都深感在军事上无法取胜，遂改用反间计，不惜重金收买赵国内奸赵王宠臣郭开在赵王面前造谣诬蔑

策士 战国时期游说诸侯的纵横之士，后泛指出计策、献谋略的人。战国时期，谋臣策士在错综复杂的政治、军事、外交斗争中大显身手。他们多有一定的政治主张，凭借智慧、辞令，四处奔走游说，周旋于政治集团之间，为诸侯征城、掠地、杀人、灭国出奇谋划妙策。张仪、苏秦、陈轸等人就是他们的典型代表。

■ 战国时期青铜剑

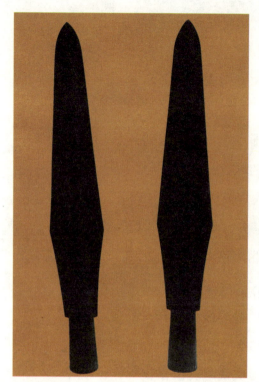

■ 秦国的箭簇

王贲 频阳东乡人，就是后来的陕西富平人，秦代名将，王翦之子，与其父是秦灭六国战争中的主要将领。公元前221年，率军从燕南下攻齐，俘虏齐王建，遂灭齐统一六国。因功被封为通武侯，曾随秦始皇东巡琅琊。

李牧、司马尚企图谋反。赵王竟不加分析即轻率罢免了李牧、司马尚，改任赵葱、颜聚为赵军统帅，并错误地将名将李牧杀害。

赵王由于中了秦之反间计，为秦灭赵铺平了道路。赵葱不是王翦的对手，很快被秦军击败，赵葱被杀，颜聚收拾残兵退回邯郸勒兵固守。而此时的赵王丧失斗志，任由内奸郭开摆布，竟下令开城向秦军投降，建国250多年的赵国终于灭亡。

赵被秦灭亡后，秦即想南下灭楚，但中间尚隔魏国，魏此时虽然只剩国都大梁附近的一些城邑，但终属秦进军楚地之障碍，于是决定先灭魏，再伐楚。

魏本来处于"天下之枢"，具有优越的战略形势，但由于战争频繁，大量削弱了魏的实力。多年来，在强秦的进攻下，节节败退，不断割地求和，魏国大河以北领土被吞食殆尽。

公元前225年，秦派兵进攻魏国首都大梁。秦将王贲认为大梁城垣坚固，很难在短期内攻克，于是引大沟之水冲灌大梁城。经过3个月的战争，魏国灭亡，秦以其地建为东郡。

秦军灭赵、破燕、并魏后，紧接着大举进攻楚国。当时楚仍为南方大国，拥有今河南西部及东南部，山东南部，湖北、湖南两省，洞庭湖以东和江西、安徽、江苏、浙江全部。

楚国此时尚有对秦作战的实力。秦始皇派年少英勇的将军李信率兵攻楚，并问李信需要多少兵马。李信答复说："不过用20万人。"

秦始皇又问王翦，王翦则说："非60万人不可。"

秦始皇不同意王翦的意见，而同意李信的说法，当即说："王将军老矣，何怯也！李将军果然壮勇，其言是也。"

王翦因为自己的建议不被采纳，谢病告老，归还频阳。李信则受命为秦军统帅，与蒙恬率兵20万人对楚发动进攻。

李信与蒙恬军企图包围楚军，聚而歼之。但李信于棠溪被楚军统帅项燕战败，损失惨重。多亏蒙恬军的掩护，李信得以突围逃回秦境，才免被俘。

秦军遭受重大挫折，秦始皇虽然感到自己当初对统帅人选有误，但并未动摇灭楚之决心，仍然继续进行灭楚战争。李信失败后，秦军统帅一职只有重新起用王翦。

秦始皇亲往王翦家乡频阳县，力请王翦出任秦军统帅。王翦接替李信，率领60万大军对楚作战。

■青铜器武王戈

战国武士壁画

王翦根据已往长期作战经验，知道楚军和赵军都具有坚强的战斗意志，是能战能守的军队。楚军新近击破李信指挥的秦军，锐气旺盛，斗志昂扬，对付这样的敌人，不仅没有胜利的把握，一旦行动不慎，还会影响整个战争前途。

所以，王翦进入楚国后，即令部队在商水、上蔡、平舆一带构筑坚垒，进行固守，并令部队不许出战，休整待命。数月以来，双方相持没有大的交战。

楚对秦军大举东进，也集中全部兵力应战。当时秦已灭三晋，无后顾之忧，有大量的物力支援，能够打持久战。楚则无论军事、政治都远为落后。统帅项燕仍然集中楚军主力于寿春淮河北岸地区，等待秦军的进攻。

楚王责怪项燕怯战，派人数度催他主动进攻秦军。项燕军只得向秦军进攻，但既攻不破秦军的营垒，秦军又拒不出战。项燕无奈，引军东去。

王翦立即令全军追击楚军，楚军为涡河所阻，双方交手，楚军被击破东逃。秦军追至蕲南，平定楚属各地。

在追击过程中，王翦斩杀了楚将项燕，随即率兵直取楚都寿春，楚国首都被秦军攻陷。楚王负刍被俘。秦军进军蕲南，只经1年多的作战，号称南方赫赫之强国的楚，便瓦解了。

公元前227年，秦派将军王翦、辛胜率军对燕作战。统帅王翦以直接攻略燕国首都蓟城为作战目标。同时判断燕军必然依托燕赵大道经过的各河川作抵抗，尤其燕赵界上较大河流易水定有重兵守备，不宜将主力投入正面进攻。于是，王翦决定以部分兵力由中山北攻燕。

在灭赵的过程中，秦国大军已兵临燕国边境。燕王喜惶惶不可终日，眼见秦国扫平三晋，就要向自己杀来，却无计可施。

燕太子丹最终想出了孤注一掷的暗杀行动，即历

■ 战国武士兵戟

史上有名的荆轲刺秦王，时值公元前227年。刺杀行动最终失败，但是秦始皇差一点死于荆轲的匕首下，他深恨燕国，立即增兵大举进攻。

公元前226年，秦军攻下燕都蓟，燕王喜与太子丹逃亡辽东郡。公元前222年，王贲奉命攻伐燕国在辽东的残余势力，俘获燕王喜，燕国彻底灭亡。

在秦军并灭赵、韩、燕、魏、楚战争时期，齐国一直置身度外，坐视各国灭亡。当秦、赵长平之战的关键时刻，赵向齐请求援助军粮，有政治远见的周子曾向齐王建议积极援赵。齐王建竟没有接受这一具有战略远见的建议，尔后各诸侯国虽几度联合对秦作战，齐都避免参加，或者参战不力，企图讨好于秦。

公元前221年，秦王贲统帅的军队，由燕南部对齐北境突然进攻，直趋齐都临淄。齐则毫无作战准备，竟无应战之兵，齐王建不战而降。经过20多年的战争，秦国最终灭掉六国，统一了天下。

秦朝统一战争顺应了历史潮流，结束了春秋以来诸侯割据混战的局面，开创了统一的新局面，建立了我国历史上第一个统一的多民族的中央集权的封建国家。秦朝统一了文字、货币、度量衡，对我国的历史和文化产生了极为重要的影响。

阅读链接

秦始皇晚年迷信长生不老，方士徐福听说渤海湾里有蓬莱、方丈、瀛洲三座仙山，仙山上仙人的手中有长生不老药，就把这个消息告诉了秦始皇说。

秦始皇派徐福带领千名童男童女入海寻找长生不老药。徐福带领舰队在海上漂流了好长时间，也没有找到他所听说的仙山，更不用说长生不老药。

徐福自知没有完成任务，回去后一定会被杀头，于是他就带着这千名童男童女顺水漂流到了日本。秦始皇最后没吃到长生药，连秦王朝也在秦二世手里灭亡了。

楚汉战争促成天下一统

楚汉战争或称楚汉相争，是在秦朝灭亡后，西楚霸王项羽和汉王刘邦两大集团为争夺全国最高政权而进行的一场大规模战争，最后以西楚项羽败亡，刘邦建立西汉王朝而告终。

楚汉战争造就了统一的西汉王朝，形成了我国历史上长达400余年的统一局面，促进了我国古代民族的大融合和经济的大发展，奠定了我国汉民族的伟大发展基础。

■汉高祖刘邦画像

■ 鸿门宴壁画

章邯 秦末著名将领，上将军。秦二世时任少府，为秦朝末期的军事支柱。公元前209年，他受命率骊山刑徒迎击陈胜起义军，屡战屡胜，使秦廷得以苟延残喘，又陆续攻灭义军田臧等部，迫陈胜遁走。巨鹿之战中被项羽击败，漳污之战中再次被项羽击败而投降，随项羽入关，封雍王。楚汉战争中，他与刘邦军屡战不利，退保废丘。后城破自杀。

秦二世胡亥的暴政，使天下百姓苦不堪言，最终引发了秦末农民大起义。公元前209年7月，陈胜、吴广首先发动大泽乡起义，建立"张楚"政权，陈胜自称楚王，一时间天下群雄纷纷响应。

9月，前楚国大将项燕之后项梁、项羽叔侄发动会稽起义，项梁自号武信君；同月，泗水亭长刘邦亦于沛县起兵响应，称沛公。

在秦末农民大起义过程中，陈胜牺牲后，刘邦集团和项羽集团成为反秦武装的两支主力。公元前208年，项羽率5万余楚兵北上，迎战秦将章邯、王离所率40余万秦军主力。

当年，项羽破釜沉舟，亲率2万余楚兵大败王离所部20余万秦军主力于巨鹿城外，项羽威震诸侯，遂成为诸侯上将军，统领诸侯之兵。第二年，章邯等被迫率余部20万人归降，巨鹿之战胜利结束。

巨鹿之战牵制了秦军主力并最终获得胜利，同时也为西路刘邦军得以顺利入关创造了最有利的条件，经此一役，秦朝已名存实亡。

巨鹿之战后，沛公刘邦乘隙攻入关中，进入咸阳，秦王子婴投降，秦朝灭亡。

依据反秦义军"盟主"楚怀王与天下"先入定关中者王之"的约定，刘邦理应称关中之王，又闻项羽欲立章邯于关中，号雍王，于是派兵驻守函谷关，以防诸侯入关。同时，宣布废除秦朝苛政，与关中父老"约法三章"："杀人者死，伤人及盗抵罪。"

项羽消灭了秦军主力，自认为功劳最大，而胜利在即之际，却被刘邦抢先进入关中，夺取了胜利果实，自然怒气冲天，于是率诸侯军40余万人入关。项羽军攻破函谷关，进驻新丰鸿门，意图消灭刘邦军。

刘邦军不足10万人，自料力不能敌，于是还军灞上，并竭力拉拢项羽的叔父项伯请为调解，并亲赴鸿

鸿门 我国古地名，位于陕西省临潼区城东的新丰镇鸿门堡村。峭原由于被骊山流下来的雨水冲刷，北端出口处状如门道，形似鸿沟，故名。公元前207年，项羽在巨鹿歼灭了秦的主力军，率军入关后，在此宴请刘邦，史称"鸿门宴"。这次宴会在秦末农民战争中发生了重要影响，被认为间接促成了项羽的败亡及刘邦成功建立汉朝。

■ 刘邦入关

历代统一与行动韬略

■ 萧何 沛郡丰邑人，今属江苏丰县。西汉朝初年丞相，政治家。辅助汉高祖刘邦建立了西汉政权。谥号"文终侯"。与张良、韩信并称"汉初三杰"。早年任秦沛县狱吏。秦末辅佐刘邦起义。攻克咸阳后，诸将皆争夺金银财宝，他却接收了秦丞相、御史府所藏的律令、图书，掌握了全国的山川险要、郡县户口等，并知民间疾苦，对日后楚汉战争的胜利起了重要作用。

门谢罪，示以诚意，并表示归顺。项羽决心动摇，放走了刘邦。

在公元前206年，项羽自恃灭秦巨功并凭借其在军事上的压倒优势，裂土分封诸侯，恢复封建割据。如分封西魏王魏豹、河南王申阳、九江王黥布、辽东王韩广、济北王田安等。项羽自立为西楚霸王，统辖黄河及长江下游的梁、楚九郡，定都彭城。

项羽封刘邦于巴、蜀、汉中三郡，为汉中王，定都南郑。同时将关中地区分为三部，封秦降将章邯、司马欣、董翳分别为雍王、塞王、翟王，合称"三秦"，企图通过他们控制关中，将刘邦困锁在汉中巴蜀地区。

刘邦被徙封汉王后，本想立即发兵攻楚，但萧何等人从楚汉双方的实力出发，主张以汉中为基地，养民招贤，安定巴蜀，然后再收复三秦。刘邦听之。

他在前往汉中的途中，烧毁所过栈道，防止诸侯军偷袭，并借此表示无东向之意，以麻痹项羽。项羽亦于同时班师彭城。

时隔不久，中原诸侯国形势发生了巨大变化。未分封的诸侯均不满项羽分封，多起兵反楚。刘邦乘项羽发兵击齐之机，任命韩信为大将，以曹参为前锋，积极部署东进。

公元前206年，汉军以韩信"明修栈道，暗度陈仓"之计潜出故道，向楚地进军。楚汉战争爆发了。

项羽得知刘邦已兼并三秦，且准备东进伐楚，而齐、赵地都已反叛，极为愤怒。但主力被牵制在齐国，无暇西顾。

刘邦再度抓住战机，一面巩固关中，一面扩张势力，亲自率军由函谷关出陕县东进。迫降河南王申阳和项羽新封的韩王郑昌；西魏王魏豹率军归附，继而俘虏殷王司马昂，迅速占领了今河南及山西中、南部广大地区，造成东进的有利态势。

■ 韩信 淮阴即今江苏淮安人，西汉开国功臣，我国历史上杰出的军事家，他的军事思想对后世有重要影响，与萧何、张良并列为"汉初三杰"。他曾先后为齐王、楚王，后被贬为淮阴侯，为汉朝的建立立下了赫赫战功。

刘邦继而采纳韩信"北举燕、赵，东击齐，南绝楚少粮道，西与大王会于荥阳"的建议，给韩信增兵3万，开辟北方战场，以消灭楚的羽翼，实现对楚的战略包围。

公元前205年，韩信、张耳率领汉军越过太行山，与楚的羽翼赵国战于今河北井陉东南的井陉口。韩信一反作战常规，背水设阵，大败20万赵军，斩杀

■ 楚汉战争蜡像

成皋 春秋时期郑国之邑，又名虎牢，春秋之郑，战国之韩，皆为重地，楚汉亦相持于此，汉置成皋县。在今荥阳市汜水镇西北有成皋故城。

潍水 山东潍河的古称，发源于莒县箕屋山，入渤海莱州湾。是潍坊的母亲河。我国楚汉战争中韩信巧妙利用潍水歼灭楚齐联军的一次进攻作战。

赵军主帅成安君陈余，生擒赵王歇，一举歼灭赵国。随之采纳赵国降将李左车建议，乘势不战而迫降燕王臧荼，平定燕国。

公元前204年，楚军对汉军正面防线发动攻势，数次切断汉军粮道，又攻占了荥阳、成皋。刘邦只好败逃关中。

为调动项羽，分散其兵力，摆脱固守城池被动挨打的局面，刘邦采纳谋士辕生建议，于5月率军出武关，兵至宛和叶。项羽急于寻汉军主力作战，果然率军自荥阳、成皋南下宛、叶。汉军坚壁不战。

就在这时，彭越乘机攻占了楚的后方重镇下邳，迫使项羽回师解救。汉军借机迅速北上，收复成皋。

6月，项羽回军，对汉军发动第二次攻势，再占荥阳、成皋，并挥军西进。汉军败至巩县，深沟高垒，阻击楚军。

为减轻正面压力，刘邦遣刘贾、卢绾率兵2万人增援彭越，在楚后方攻城略地，断楚粮道，迫使项羽第二次回兵东击彭越。汉军借此机会再次收复成皋。

成皋之战后，楚汉战争进入了最后阶段。项羽日益孤立，粮秣得不到补充，韩信又继续进兵西楚。公元前204年，韩信大破楚、齐联军于潍水之滨，平定齐国。韩信随继东进2000余里，从东、北两面形成对楚军的战略包围态势，直接威胁到了楚的大后方。

潍水之战后，项羽再无能力灭汉，已经到了被动的防御状态；而刘邦则进入全面战略大反攻的时刻。

公元前203年8月，楚军粮尽，项羽被迫议和；刘邦亦未能调来韩信、彭越援军，于是双方订立和约，中分天下。双方划鸿沟为界，东归楚、西属汉。

9月，项羽遵约东撤，刘邦亦欲西返。这时，刘邦在张良、陈平建议下，向楚军突然发起战略追击，

043

中古时期

文韬武略

鸿沟 我国古代最早沟通黄河和淮河的人工运河，位于古代荥阳成皋一带，今属河南省郑州荥阳。楚汉相争4年时，曾以鸿沟划地为界，东楚西汉。楚河汉界由此得来。"鸿沟"这个名词到了今天，就引申为两个人在思想上有分歧，价值观有距离，等等。

■ 鸿门宴遗址

定陶 古称陶，又名陶丘，是一座历史悠久的中原古城。自春秋至西汉800多年间，一直是中原地区的水陆交通要道和古代重要都会，享有"天下之中"的美誉。公元前202年，刘邦在定陶称帝。公元前138年，改济阴郡，后又改为定陶国，东汉时不久又改为济阴郡。

并约集齐王韩信、魏相彭越南下合围楚军。后因齐王韩信、魏相彭越按兵不动，未如期会师，被迫退军固陵，坚壁自守。

刘邦退军固陵后，采纳张良建议，分别给齐王韩信、魏相国彭越割地封王的承诺，约定联合击楚。12月，刘邦调集齐王韩信、魏相彭越、淮南王英布、刘贾等各路大军40万人，以韩信为最高统帅，以并本部20万人共计60万大军一同击楚。战至最后，将10万楚军包围于垓下。

楚军兵少食尽，屡战不胜，夜闻四面楚歌，军心瓦解。项羽大惊，于是置10万楚军于不顾，率800余骑兵趁夜突围南逃。天明后刘邦发觉，遂派灌婴率数千骑兵追击。

楚军渡过淮河后只剩下百余骑，逃至阴陵时因迷路，问路一田夫，被田夫诓骗而左行，结果陷于沼

■ 霸王别姬蜡像

泽，致使汉军追上。最后
逃至乌江时，项羽自度难
以脱身，叹道："天亡
我，非战之罪也。"

刘邦登基场景浮雕

这时，乌江亭长力劝
项羽过江，以图东山再
起。项羽却说："上天要
灭亡我，我何必还要渡江
呢！姑且不说我项籍当初率领8000江东子弟兵起事渡江西征，今天没
有一个人回来，即便江东的父老兄弟们同情而拥戴我为王，我哪里有
脸面见他们？纵使他们不说什么，我自己难道心里不愧疚吗？"

项羽自觉无颜见江东父老，不肯渡江，在力杀汉军数人后，自刎
而死。垓下一战，刘邦全歼楚军，获得最后胜利。项羽败亡后，楚地
陆续平定。

公元前202年，刘邦在定陶正式称帝，建立了西汉王朝，刘邦就是
汉高祖。至此，天下又归于统一。

阅读链接

刘邦做了皇帝后，分封了萧何等20余人的官职，但众将领
互不服气，争功不止。一次，在洛阳南宫，刘邦看见众将坐在
沙地上不知在说什么，问身边的张良怎么回事，张良说他们在
谋反。

刘邦问怎么办，张良就问他最恨的人是谁，刘邦说是雍
齿。张良听后就让刘邦封雍齿为侯，这样，大家就觉得被刘邦
记恨的雍齿都能受封，他们就不用着急了。

于是，刘邦封雍齿为什邡侯。如此一来，众将就再也不用
担心了。

官渡之战与曹操统一北方

■ 曹操像

官渡之战是我国历史上著名的以弱胜强的战役之一。曹操于官渡之战中击败了袁绍的主力，获得大胜，实力进一步增强，为统一北方奠定了坚实的基础。

在官渡之战中战败的袁绍之子袁尚、袁熙投靠了乌桓。为了彻底消灭袁氏残余势力，曹操克服艰难险阻，远征乌桓，最后打败了乌桓王。至此，曹操终于完成了统一北方的大业。

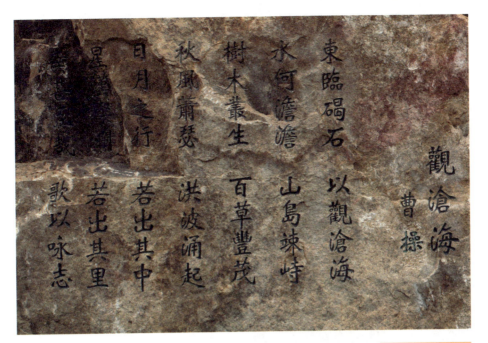

東臨碣石 以觀滄海

水何澹澹 山島竦峙

樹木叢生 百草豐茂

秋風蕭瑟 洪波涌起

日月之行 若出其中

星漢燦爛 若出其里

幸甚至哉 歌以咏志

觀滄海

曹操

■ 曹操的诗

东汉末年，各地州郡大吏独揽军政大权，地主豪强也纷纷组织私人武装，占据地盘，他们争权夺利，互相兼并。当时的割据势力，主要有河北的袁绍、兖豫的曹操、徐州的吕布、扬州的袁术、江东的孙策、荆州的刘表等。

在这些割据势力的连年征战中，袁绍、曹操两大集团逐步发展壮大起来。随着双方势力的扩张，利害冲突也随之而来。于是，袁、曹两大势力之间的对立显得更加突出，便不能不兵戎相见了。

199年，袁绍挑选精兵10万人，战马万匹，企图南下进攻许都，官渡之战的序幕由此拉开。

曹操迎献帝到许都后，为开创统一大业，在此周围推行屯田，号令军民开荒播种，以适应战争的需要。袁绍举兵南下的消息传到许都，曹操为争取战略上的主动，作出了如下部署：

吕布 字奉先，东汉末年名将，汉末群雄之一，五原郡九原县人，今属内蒙古包头。他坐骑赤兔宝马，手持方天画戟，天下无双，先后为丁原、董卓的部将，也曾为袁术效力，曾被封为徐州牧。后自成一方势力，于198年在下邳被曹操击败并处死。

派臧霸率精兵自琅玡入青州，占领齐、北海、东安等地，牵制袁绍，巩固右翼，防止袁军从东面袭击许都；派人镇抚关中，拉拢凉州，以稳定翼侧；曹操率兵进据冀州黎阳；令于禁率步骑2000人屯守黄河南岸的重要渡口延津，协助扼守白马的东郡太守刘延，阻滞袁军渡河和长驱南下，并以主力在官渡一带筑垒固守，以阻挡袁绍的正面进攻。

200年，袁绍派陈琳书写檄文并发布，檄文中把曹操骂得无法忍受。随即进军黎阳，企图渡河寻求与曹军主力决战。他首先派颜良进攻白马的东郡太守刘延，企图夺取黄河南岸要点，以保障主力渡河。

曹操为争取主动，求得初战的胜利，亲自率兵北上解救白马之围。此时谋士荀攸认为袁绍兵多，建议声东击西，分散其兵力，先引兵至延津，伪装渡河攻袁绍后方，使袁绍分兵向西，然后遣轻骑迅速袭击进攻白马的袁军，攻其不备，定可击败颜良。

曹操采纳了这一建议，袁绍果然分兵延津。曹操乃乘机率轻骑，派张辽、关羽为前锋，急趋白马。关羽迅速迫近颜良军，袁军溃败。

曹操在初战胜利之后，仍旧按照原定计划，退到官渡，集中兵力，筑垒固守。这样，既免遭敌人包

■ 三国时期的青铜骑兵俑

官渡 位于许都，今河南省许昌市之北，黄河之南，离许昌有200里之远，是从河北进军河南地界的军事要冲之地，因为发生了震惊天下的官渡大战而闻名。

荀攸 字公达，颍川颍阴，今河南许昌人。东汉末年曹操的五谋臣之一，荀彧从子，被曹操称为"谋主"。官至尚书令。后被追谥为"敬侯"。

抄，又缩短了军粮供应线。也使得袁军远离后方，给自己以更多伺隙出击的机会。

袁军初战失利，但兵力仍占优势。200年7月，袁军进军阳武，准备南下进攻许昌。8月，袁军主力接近官渡，依沙堆立营，东西宽约数十里。曹操也立营与袁军对峙。9月，曹军一度出击，与袁军交战不利，退回营垒坚守。

10月，袁绍又派车运粮，并令淳于琼率兵万人护送，囤积在袁军大营以北的乌巢。恰在这时，袁绍谋士许攸投奔曹操，建议曹兵奇袭乌巢，烧其辎重。

曹操立即付诸实行，留曹洪守营垒，亲自率领步骑5000人，冒用袁军旗号，人衔枚、马缚口，各带柴草一束，夜走小路偷袭乌巢。到达后立即放火。

袁绍获知曹操袭击乌巢后，一方面派轻骑救援，另一方面命令张郃、高览率重兵猛攻曹军大营。可曹营坚固，攻打不下。当曹军急攻乌巢淳于琼营时，袁绍增援的部队已经迫近。

曹军作战勇猛，大破袁军，杀淳于琼等，并将其粮草全部烧毁。张郃、高览闻得乌巢被破，于是降曹。其他将士也不再听从袁绍指挥，袁绍大败。

许攸 字子远，南阳，治今河南南阳人。本为袁绍帐下谋士，官渡之战时其家人因犯法而被收捕，许攸因此背袁投曹，并为曹操设下偷袭袁绍军屯粮之所乌巢的计策，袁绍因此而大败于官渡。官渡之战后，许攸跟随曹操平定冀州，立有功劳。

■ 官渡之战画面

天下一统

历代统一与行动韬略

■ 三国时期的战车
铜像

官渡之战是袁曹双方力量对比发生重大转变、当时我国北部由分裂走向统一的一次关键性战役，对于三国历史的发展有着极其重要的影响。

此战曹军的胜利不是偶然的，袁曹间的兼并战争，虽属于封建割据势力之间的争斗，但实现地区性的统一，客观上符合人民的愿望。经过这次战役，袁绍的主力部队基本被消灭，曹操的军事力量大大增强，为日后统一北方奠定了牢靠的军事基础。

曹操在官渡击败袁绍后，冀州城邑，多降于曹操。随后，曹操采纳荀彧先定河北、后图荆州的建议，乘袁绍新败士众离心之机，出兵北上，占有冀、青、并州，进攻幽州。

在官渡之战后袁绍病死，其次子袁熙及三子袁尚，均因兵败而投奔乌桓。

袁绍曾与乌桓的关系十分密切。活动于辽西的

乌桓在其首领蹋顿的主张下，曾经与袁绍联盟，共同消灭了公孙瓒。袁绍为此拜蹋顿、难楼、苏仆延、乌延等皆为单于，并授印、车、华盖、羽旄等，帮助乌桓人建立起了正规的军队，始设千夫长、百夫长统领，还将自己的女儿嫁给了三郡乌桓首领蹋顿为妻。

　　在曹操实施荀彧计划的过程中，袁绍的两个儿子跑去和乌桓勾结，迟早是个大祸患，怎可不除？曹操决定北伐乌桓。

　　此时曹军将领都认为不值得为了袁绍的两个儿子而远攻乌桓。在众议一致的反对声中，曹操的谋士郭嘉力排众议，认为远征乌桓必获全胜，不征则遗患无穷。因为征乌桓曹军有充分的理由，不必担心刘表、刘备等人的趁虚而入。曹操采纳了郭嘉的建议，开始了远征乌桓的战役。

　　北征乌桓是曹操一生中最大的挑战。自古以来，从蓟到辽西就只有两条路。人们最常走的一条就是"滨海道"，位于狭长的滨海平原，也就是今天所谓的"辽西走廊"。这条路从河北出发，经玉田、丰润，出山海关取锦州。

　　这条路在天气良好的情况下，塞外游骑就可以直插右北平和渔阳的内地郡县。而一旦遇到夏秋季节的

051
中古时期
文韬武略

■ 三国时期的陶马

郭嘉 字奉孝，颍川阳翟，就是后来的河南禹州人，东汉末年杰出的谋士。他先在实力较强的袁绍军中出谋划策，后来发现袁绍难成大业，遂转投曹操，为曹操统一中国北方立下了功勋，史书上称他"才策谋略，世之奇士"。而曹操称赞他见识过人，是自己的"奇佐"。任司空军祭酒，封洧阳亭侯，死后谥为"贞侯"。

历代统一与行动韬略

田畴 字子泰，右北平无终，今河北省玉田县人，东汉末年隐士。好读书。初为幽州牧刘虞从事。曹操北征乌桓时为向导，因有功，封亭侯，不受。后从征荆州，有功，以前爵封之，仍不受，拜为议郎。

大雨，这条路又成了非常难行之路。曹操偏偏就遇到这种情况。

另一条路就是田畴说的"卢龙塞"，从卢龙塞到乌桓的都城柳城有800里，由于荒弃多年，少人行走，这800里中有500多里是没有路的路。可以说是曹操北征乌桓之后，这条路才重新成为路。

在没有退路的情况下，郭嘉再次帮曹操下了前进的决心："放弃辎重、轻装前进！"战车不要了，每个人只带10天的干粮，除了马匹、武器，其他的一概扔掉。郭嘉在病榻上的谏言，颇有楚霸王破釜沉舟背水一战的魄力，实令曹操为之动容。

既然是倾家荡产的豪赌，就得有壮士断腕的气

■曹操兵马像

■ 我国古代兵器

概。曹操相信郭嘉，更相信自己，坚信能够在这条绝境中杀出条路来。

临走前，曹操命人在滨海道旁立个牌子，上书："方今暑夏，道路不通，且俟秋冬，乃复进军。"表面是通令全军的路标，其实是为了麻痹敌人。乌桓人哪是曹操的对手，他们还以为曹操大军离去了呢！

曹军行走在荒草与乱石之间，见两旁危崖高耸，风声鹤唳，似乎随时都会有敌人的伏兵杀出。张辽等将士曾于途中劝曹操不要轻信田畴进军"卢龙塞"的建议，及早回军，以免中计。

曹操拔剑在手，说："再敢有此言者，我必诛之！"遂令全军，逢山开路，遇水搭桥，披荆斩棘，边开边走。虽军中不断有人生病，有人掉队，但曹操面色如铁，剑锋始终向前。

曹军突然出现在距离柳城不足200里的白狼山附

白狼山 位于辽宁省喀左县境内的大阳山。大阳山汉代称白狼山，北魏时称白鹿山，清时称大羊石山。在山的主峰以西分水岭上，有一旦大的白石砬子，远看像一只绵羊，也似白狼和白鹿，所以得名。山上还有"白鹿山祠"遗址，是曹操北征乌桓时所登的白狼山。

张辽雕像

近。袁氏兄弟与乌桓首领蹋顿万万没想到曹军会从这里杀出，集结数万骑兵仓皇迎战。

白狼山之战是场遭遇战，也是生死决战。曹操战败，全部曹军将覆没于辽西，因为他们没有退路；乌桓战败，整个乌桓部将臣服曹操，同样也没有退路。

表面看乌桓的优势是以逸待劳，兵马盛众，但他们面对曹军的到来却措手不及。而且和其他游牧民族一样，乌桓骑兵单兵能力强，但整体作战弱。

曹操的优势是出其不意，手下都是勇冠三军的猛将和百战余生的精锐"虎豹骑"，不过他们经过十几天的山路急行军，体力已经大打折扣，更何况他们的重装主力步兵在后面。

面对乌桓骑兵铺天盖地、来势汹汹，数量几倍于自己，曹军阵中有些慌乱，一些士兵面露恐惧。此时猛将张辽主动请战，他大呼道："主公平时厚待我们，此时不战更待何时。"言毕，撕下帅旗，挺矛策马，疾速下山。

张辽直冲敌阵，曹军的精锐骑兵随之倾泻而下，与乌桓骑兵展开厮杀。乌桓军士本来就畏曹军虎威，现在见这般阵势更加慌乱。

张辽拍马直取蹋顿，大战20余回合，未分上下。张辽佯装败走，等蹋顿赶来，猛然拨马回身，趁其不备，刀光一闪，斩蹋顿于马下。

乌桓兵见主帅已死，慌不择路，拼命逃生。袁尚、袁熙见势不妙，急领数千骑兵夺路而逃。

曹军中徐晃、张郃、韩浩、史涣、鲜于辅、阎柔、曹纯奋勇争先，数万骑兵混战。原本就仓皇迎战的乌桓军，立刻溃不成军。

白狼山之战曹操大获全胜，并一举平定了乌桓的"亲袁势力"。白狼山之战后，曹操并没有进一步追击逃亡到辽东的二袁，而是坐等二袁的人头。果然，没多久公孙康就把他们送来了。

原来，楼班、苏仆延、乌延与袁尚、袁熙逃跑后投奔辽东太守公孙康，公孙康惧曹操势力，就将他们全部斩首并献给了曹操。

曹操在统一北方战争中，深谋远虑，善纳良策，又利用汉室名义，争取民心，还重视战略基地建设，实行屯田，发展经济，减轻民

三国武士画像

曹操征战绘画

赋，安定社会秩序，并且治军严整，赏罚分明，能抓住作战时机，出奇制敌，终于取得内线作战和战略性决战的胜利。

　　曹操统一北方之后，实行屯田制，兴修水利，发展生产，百姓安居乐业，使塞北地区的局势稳定下来。同时，这也为后来的晋朝最终统一全国奠定了坚实的基础。

阅读链接

　　曹操曾经发布"唯才是举令"，招贤纳士。曹操的高级谋士戏志才是荀彧推荐的，戏志才去世后，曹操对当时任侍中、尚书令的荀彧说："志才死后，没有可以与我共同商谈国家大事之人。"

　　曹操要求荀彧继续为他推荐人才。荀彧就把郭嘉推荐给曹操。郭嘉与曹操两人初次见面，就纵论天下大势，探讨国家兴亡，畅谈治国用兵之道，十分投机默契。

　　曹操十分高兴地对众人说："能使我成就天下大业的，必定是此人！"郭嘉果然为曹操策划很多计谋。

晋灭吴之战实现局部统一

晋灭吴之战，是统一全国的战争。晋国具有多方面的优势，但主政的司马炎仍然经过了长期准备，并精心策划，严密部署。

弱小的吴国面对强敌，反而轻敌大意，毫无有效的防备措施，结果一败涂地。司马炎的六路大军势如破竹，逼降吴主孙皓，一举消灭了吴国，华夏大地上又一次实现了天下一统。

晋灭吴之战结束了我国自东汉末年以来长达90年的战乱和纷争的局面，中华民族又重新统一于新的封建王朝的治理之下。这顺应了历史的趋势，对当时社会发展起了积极的推动作用。

晋武帝司马炎

■ 晋武帝司马炎

■ 司马昭 字子上,河内温人,今属河南温县。三国时期曹魏权臣,西晋王朝的奠基人之一。他是宣帝司马懿的次子,司马师的弟弟,西晋开国皇帝司马炎的父亲。司马昭继承父兄的权力,弒魏帝曹髦,彻底控制了曹魏政权。其子司马炎称帝后,追尊司马昭为"文皇帝"。

司马昭灭蜀后,司马氏势力进一步加强,曹魏政权落入司马昭父子之手。司马昭病死,其子司马炎嗣相国、晋王位,继掌魏国朝政。

265年,司马炎废魏元帝曹奂,自登皇位,是为晋武帝,改国号为晋,史称"西晋",改元泰始,都洛阳。这样,魏灭蜀、晋代魏,变三国鼎立为晋与吴的南北对峙。

从269年起,晋武帝就筹划剿灭吴国,在政治、经济和军事上采取了一系列措施。

在政治上,晋武帝厚待刘禅及诸葛亮等人的子孙,以巩固其在巴蜀的统治,解除后顾之忧。同时,对吴国实行分化瓦解政策,以动摇其军心民心。改善内政,屯田积谷,安定边防。

在军事上,晋武帝优选将帅,调整部署,以尚书左仆射羊祜都督荆州诸军事,镇襄阳;征东大将军卫瓘都督青州诸军事,镇临淄;镇东大将军、东莞王司马伷都督徐州诸军事,镇下邳;依羊祜之建议,任王濬为益州刺史,随后又加封龙骧将军,都督益、梁州诸军事,命其在巴蜀大量建造战船,训练水军。

晋军所建造的大型战船,可装载2000余人,上构木城,筑起楼橹,四面开门,船上可骑马驰骋。后来加快了造船进度。如原来王濬在巴蜀只奉令以五六百屯田兵造船，后来又增加各郡士兵1万人，一年就完成了造船任务，使水军的舟楫之盛，自古未有，为实现水陆并进灭吴，提供了重要保障。

276年，晋灭吴的准备基本完成。征南大将军羊祜奏请伐吴，指出伐吴的条件已经成熟。应不失时机地向东吴进军，并根据"因顺流之势，水陆并进"的战略方针，提出了灭吴的部署。

晋军针对吴军部署上东强西弱的情况，确定在徐州、扬州方向实行牵制，首先集中水陆主力夺取夏口以西地区，然后顺江而下，全力攻击吴都建业。

这一方针的好处是，水陆并进，多路齐发，可以充分发挥水陆军的优势，从薄弱而又重要的长江上中游横切纵割，一举粉碎吴军的整个防御体系，从而达到速战速决的目的。

诸葛亮 字孔明，号卧龙或伏龙。生于三国时期的琅琊阳都，即今山东省临沂市沂南县。蜀汉丞相，杰出的政治家和军事家。在世时被封为武乡侯，死后追谥"忠武侯"。后来东晋政权推崇诸葛亮军事才能，特追封他为武兴王。他是后世忠臣楷模，也是智慧的化身。

■ 魏晋时灰陶奔马

■ 魏晋时的骑兵画砖

杜预 字元凯，京兆杜陵人，今属陕西西安，西晋时期著名的政治家、军事家和学者，灭吴统一战争的统帅之一。历官曹魏尚书郎、河南尹、度支尚书、镇南大将军、当阳县侯，官至司隶校尉。功成之后，耽思经籍，博学多通，多有建树，被誉为"杜武库"。著有《春秋左氏经传集解》及《春秋释例》等。

晋武帝接受了羊祜的建议，但由于西北鲜卑族首领起兵反晋，后方不稳，加之太尉贾充等的反对，使伐吴战争拖延了下来。278年，羊祜死后，晋武帝改任杜预为镇南大将军。

孙吴方面，面对晋军进攻的严重威胁。一些大臣深感忧虑，认为吴国虽有长江天险，但不可久恃，因此向孙皓建议，加强内部的安定和经济实力；同时为防晋军从上游顺流而下，加强建平沿江防务。但这些有重要战略价值的建议，都没有被吴主孙皓采纳。

孙皓认为，晋无力攻吴，且吴有长江天险，难以攻破。因此他不修内政，暴虐如故。在军事上不重军备，放松长江上游的防务，当然更谈不上通盘的战略考虑和进行全面的防御准备了。

279年，晋武帝采用羊祜生前拟制的计划，发兵20万人，分六路进攻吴国：镇军将军、琅琊王司马伷自下邳向涂中方向进军；安东将军王浑自扬州向江西出横江渡口进军；建威将军王戎自豫州向武昌方向进军；平南将军胡奋自荆州向夏口方向进军；征南大将军杜预自襄阳向江陵方向进军，尔后南下长江、湘水以南，直抵京广；龙骧将军王濬，广武将军、巴东监军唐彬自巴蜀顺江东下，直趋建业。

晋武帝任太尉贾充为大都督，冠军将军杨济为副，率中军驻襄阳，节度诸军；中书令张华为度支尚书，总筹粮运。

280年，安东将军王浑所统率的10多万大军向横江方向进军，派出参军陈慎等率部分兵力攻击寻阳；派殄吴将军李纯率军向高望城进攻吴军俞恭部。李纯于当月占领了高望城，击破俞恭军，推进至横江以东，夺占了渡江的有利渡场。与此同时，参军陈慎军攻取了阳濑乡，大败吴牙门将孔忠等。吴厉武将军陈代、平虏将军朱明等率部众降于晋军。

■ 出土的武器

晋军印信

吴主孙皓得知晋王浑率大军南下，即命丞相张悌统率丹阳太守沈莹、护军孙震、副军师诸葛靓率兵3万人，渡江迎战，以阻止晋军渡江。张悌军行至牛渚，沈莹向其建议，应集中兵力于采石，等待晋军前来决战，若能打败晋军，即可阻止晋军渡江，还可西上夺回失地。如若渡过江去与晋军决战，不幸失败，大势必将去矣。

但张悌却认为吴国即将灭亡，人人早已看清，晋兵一至，众人心中必然恐惧，难以再整军出战。趁着如今晋大军未到，渡江与其决战，或许还有希望获胜。于是，张悌决心率军渡江迎击晋军。

280年，张悌军渡江后，于杨荷正遇王浑部将城阳都尉张乔率7000兵马赶到，张悌军随即将张乔军包围。

张乔兵微势弱，便闭寨请降。副军师诸葛靓认为：张乔是以假投降行缓兵之计，拖延时日，等待后援，我应急速进兵予以歼灭。

但张悌却主张放过他们，因为强敌在前，不可因小敌而出战。于是接受张乔投降后，率兵继续前进，随即与王浑主力部队之司马孙畴和扬州刺史周浚军列阵相对。

吴将孙莹首先率领5000精兵向晋军攻击，3次冲击均未奏效，被晋军斩首二将，不得不退兵。晋军则乘吴军退兵混乱之机，以将军薛

晋军印信

天下一统

历代统一与行动韬略

胜、蒋班率军追杀，吴军大败。此时，伪降的张乔军又从背后杀来，吴军溃败而逃。

副军师诸葛靓见大势已去，收集败兵数百逃回江南。张悌不肯逃走，与沈莹、孙震力战而死。吴军3万多人部分被斩，余皆逃散，晋军遂胜利推进至江边。

琅琊王司马伷所率的一路大军，自出兵以来，迅速进至涂中后，令琅琊相刘弘率兵进抵长江，与建业隔江相峙，以牵制吴军。同时，派长史王恒率诸军渡过长江，直攻建业。王恒军进展顺利，一一击破吴沿江守军，歼灭吴军五六万人，俘获吴国都督蔡机。

龙骧将军王濬军在长江上中游获胜之后，便挥军顺流而下，3月到达牛渚。当进至距建业西南50里时，吴主孙皓才派遣游击将军张象率水军1万人前往迎击。但吴军此时已成惊弓之鸟，张象的部队一望见晋军的旌旗便不战而降。王濬的兵甲布满长江，声势十分盛大，继续向前推进。

吴国战船复原模型

交趾 又名交阯，我国古代地名，位于今越南。汉武帝灭南越国，并在今越南北部地方设立交趾、九真、日南三郡，实施直接的行政管理；后来在全国设立十三刺史部时，将包括交趾在内的七个部分为交趾刺史部，后世称为交州。

原先吴主派往交趾征讨郭马的将军陶浚，行至武昌时，听到晋军大举进攻的消息，便停止去交趾，返回了建业。吴主孙皓便授其符节，命其率军2万人，迎击晋军。结果，2万军队出兵前夜便逃散一空。

此时，王濬、王浑和司马伷等各路大军已逼近吴国京师建业所处长江段的北岸，吴国司徒何值、建威将军孙宴等交出印信符节，前往王浑军前投降。

吴主孙皓见自己内部已分崩离析，便采用光禄勋薛莹、中书令胡冲等人的计策，分别派遣使者送信到王濬、司马伷、王浑处，请求降服，企图挑唆3人互相争功，引起晋军的内部分裂。

但按晋武帝原先的规定，这时王濬率领的晋军应由王浑节度，而王浑屯兵不进，又以共同议事的名

■ 晋代战船模型

■ 复原后的吴国将军府

义，也要王濬停止进军。但王濬不顾王浑阻拦，统率水陆8万之众，进入建业。孙皓出降。

至此，晋军连克东吴4州43郡，降服吴军23万，东吴政权宣告灭亡，三国长期分裂的局面也随之结束。

胜利消息传来，晋武帝执杯流涕说："此羊太傅之功也，惜其不亲见之耳！"

未参与战事的骠骑将军孙秀向南而哭说："昔讨逆壮年，以一校尉创立基业；今孙皓举江南而弃之！悠悠苍天，此何人哉！"

晋灭吴之战是我国战争史上第一次大规模突破长江天堑的进攻战。它创造了水陆俱进、多路并发、顺流直下的大江河进攻方略，为后世用兵于长江提供了借鉴。

在当时的情况下，千里长江天堑是难以克服的障碍，何况吴国以舟楫为舆马，水军向来强大。针对这种情况，晋武帝编练了一支强大的水军。这支水军从巴蜀起航，沿江东下，破铁锁，除铁锥，斩关夺隘，所向披靡，只用40多天就驶抵建业。然后又不失时机地配合步兵

魏晋时期武士陶俑

发起总攻，终于迫使吴主孙皓投降，灭亡了吴国。

吴国地跨大江南北，战乱较少，有相当的经济和军事实力。而吴国国君孙皓却不修缮内政，暴虐荒淫，导致民穷财竭，上下离心；孙皓又自恃水军强大，凭借长江天险，戒备松散；吴军士气低落由来已久，这是其政治极端腐败、人心丧尽的必然结果。这些因素对晋灭吴无疑是十分有利的。

晋武帝司马炎，在灭亡了蜀汉，经过长期的战争准备之后，终于以六路大军，水陆并进，直捣东吴京师建业，一举灭亡了东吴政权，使我国自东汉末年开始长达90年的战乱和三国鼎立纷争的局面宣告平定，我国又重新统一于一代新的封建王朝治理之下。统一顺应了社会发展的趋势，对当时社会发展起了积极的推动作用。

066
天下一统

历代统一与行动韬略

阅读链接

荆州刺史羊祜有一次回都城洛阳，野王县令郭奕到县界去见他，见了后叹道："羊祜怎么能不如我郭奕？"

第二次去看他，回来后叹道："羊祜远远超出一般人！"

羊祜走时，郭奕恋恋不舍，一整天什么事都没有干，专门去送羊祜，一送就送出了几百里路，结果因为离开了县界耽误了公事而被罢了官。但他毫不在意，后又叹道："羊祜怎么能不如颜回呢！"

郭奕痴迷于羊祜的人格魅力，他因此获得了很多学习机会，使自身也有了很大提高。

北魏太武帝统一北方战争

北魏太武帝拓跋焘

北魏统一北方的战争，是在十六国时诸侯割据的历史条件下进行的。

在统一战争中，北魏太武帝拓跋焘虽然面临诸多对手，情况复杂多变，但他有勇有谋，能够够审时度势，采取灵活机动的战略战术，最后实现了统一。

北魏统一北方，对我国历史有着深远的影响。同时，北方的统一，也为各民族之间的交流与融合创造了有利条件，开创了我国历史发展的新时期。

■ 北魏武士俑

北魏由拓跋鲜卑所建。拓跋鲜卑原居于今东北兴安岭一带，后渐南迁至蒙古草原，以射猎为业，靠游牧为生。338年，拓跋首领什翼犍称代王，建立代国，建都盛乐。后为前秦苻坚所灭。

386年，什翼犍之孙拓跋珪继称代王，不久改国号为魏，制定典章，重建国家，史称"北魏"，拓跋珪即太祖道武帝。

拓跋珪死后，长子明元帝拓跋嗣继位，立拓跋焘为太子。拓跋嗣死后，太子拓跋焘即位，是为太武帝，于是开始了统一北方的战争。

太武帝是北魏一位杰出的君主。他继位后，雄心勃勃，南征北战，主要是通过战争手段来解决对立政权间的矛盾。但太武帝不是一个鲁莽的武夫，而是一个善于审时度势的有策略思想的政治家、军事家。

太武帝在采取战争手段的同时，根据形势，采取了多项措施，如整顿税制，分配土地给贫人，安置流民，录用大批汉人参政，旨在加强北魏的封建化进程，加强与中原地主的结合，稳定社会，发展经济。这些政策和措施，使北魏国势日盛，为其统一北方奠定了坚实基础。

此外，太武帝还重用汉族大臣崔浩，以其为谋主。崔浩参与了许多重大军事决策，多谋善断，屡建

拓跋鲜卑 鲜卑的一支，亦称别部鲜卑。拓跋鲜卑，应包括建立代、魏的拓跋部，建立南凉的河西鲜卑秃发部，等等，而习惯上往往仅指北部鲜卑。原居于额尔古纳河和大兴安岭北段。他们畜牧迁徙，以射猎为业。

功勋，在统一中国北方的一系列战争中起了重要作用。

北魏这时正处于十六国的后半期，南方的东晋已为刘裕的刘宋王朝所取代，北方则还有夏、北燕、北凉等割据政权的并立与纷争。北魏的北边还有柔然经常南下侵扰。太武帝君临中原，即把平定北方提上议程。但关于先取何方，统治集团内部一直争论不休。

426年，西秦主乞伏炽磐遣使朝魏，请讨夏国。北魏大臣们仍意见不同，有的主张先伐柔然，有的主张先伐北燕，谋士崔浩则认为，夏主土地不过千里，政刑残虐，人神所弃，宜先伐之。当时太武帝未作决策。9月，太武帝闻夏主赫连勃勃已死，其子赫连昌嗣位，内部不稳，遂决定先攻夏国。

夏国立于关中，建立者赫连勃勃，属匈奴族铁弗部，其父刘卫辰就是拓跋部的死敌。赫连勃勃取长安，占关中，随后称帝，建都于今内蒙古乌审旗南白城子，当时叫统万。因赫连勃勃任性屠杀臣民，搞得国力衰弱，民怨沸腾。太武帝决

北魏时期文官陶像

定先伐夏国，应该说是正确的选择。

太武帝进攻夏国的部署是分兵两路。一路攻长安，另一路趋统万。426年9月，遣司空奚斤等人率4.5万人袭击蒲坂，指向长安。

10月，太武帝自率主力攻统万。11月，奚斤一路尚未至蒲坂，夏守将赫连乙升即弃城西逃长安。奚斤轻取蒲坂后，进抵长安，夏长安守将赫连昌弟赫连助兴即与乙升等弃长安西奔安定。12月，奚斤占领长安。但太武帝进攻统万时，因城坚固，未能攻克。

427年，赫连昌进行反击，遣其弟赫连定进攻长安，与北魏的守将奚斤对峙。太武帝闻之，便派人大造攻具，再次讨夏。他一方面增兵长安，加强防守，另一方面，部署兵力大规模进攻统万。

接着，太武帝命司徒长孙翰等率3万骑为前驱，常山王素等率步兵3万人为后继，南阳王伏真等率步兵3万人负责攻城器械，将军贺多罗领精兵3000人为前锋，担任搜索之务。

之后，太武帝亲自率军西进。率轻骑2万人兼程抵统万城下，马上分军埋伏下来。

此时夏主赫连昌坚守不战，企盼长安赫连定来援，以便实施内外夹攻的计划。太武帝为诱之出战，伪作退却，以此示弱，又遣军士诈降谎报说，魏军粮尽，兵力单薄。赫连昌信以为真，开城以步骑3万人列阵，与魏军对抗。

在战斗期间，太武帝亲临战场，身先士卒，不顾马倒身

■ 北魏时期骑兵陶俑

■ 北魏时期文武百官陶像

伤，镇定指挥。时值风起东南，飞沙扑迎魏军，有人建议收兵避风。大臣崔浩坚决阻止，并指出决胜在于一日之中，建议分兵夹击。

太武帝迅速分兵两侧，夹击夏军。结果，夏兵大溃，赫连昌带数百骑逃走上邽。太武帝率军入统万，缴获牲畜珍宝无数。此时，进攻长安的赫连定闻统万城为魏军所破，也忙退军到上邽。

428年，魏军追击到上邽，夏主赫连昌中伏被擒。赫连定收夏军余众逃往平凉，于此称帝，随即竟然击退魏军，并反攻奇取长安。

就在这时，北魏北边的柔然乘机南下，严重侵扰北魏边境。太武帝只好暂停攻灭夏国的战争，转而决定北击柔然。

柔然是一支游牧部族，游猎于大漠南北，经常南下犯边掠杀，威胁北魏边境的安全，干扰北魏统一北

柔然 又称蠕蠕、芮芮、茹茹、蠕蠕等，是4世纪末至6世纪中叶，继匈奴、鲜卑之后，活动于我国大漠南北和西北广大地区的古代民族之一，与其并存的还有敕勒。当时，正是我国历史上处于十六国、南北朝纷争对峙时期。柔然中后期也受中原文化的影响，尤其是北魏的典章制度对其影响颇深。

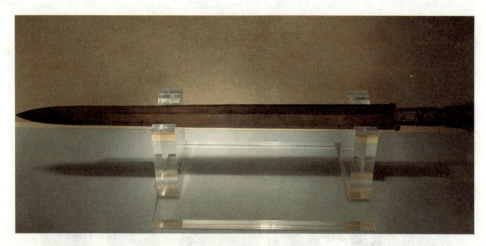

■ 南北朝时的铁剑

敕勒 我国古代民族，属于原始游牧部落，又称赤勒、高车、狄历、铁勒、丁零。敕勒人最早生活在贝加尔湖附近。匈奴人称其为丁零，鲜卑人因其使用车轮高大的车子，称之为高车。

吐谷浑 亦称吐浑。鲜卑慕容一支，东晋十六国时期控制了青海、甘肃等地，与南北朝各国都有友好关系。隋朝与之联姻。被唐朝征服后，加封青海王。唐朝中期，被吐蕃驱赶至河东，五代时期开始受辽国统治。

方的计划。

429年，太武帝决定大规模反击柔然。他亲自率军北伐。魏军深入大漠，大败柔然，又打败了归服于柔然的另一支游牧部族敕勒，获牲畜人口数以百万计。此后柔然残余势力虽然仍不时犯边，但其危害程度已经大大减轻。

在基本上解决了北方边患之后，太武帝又回头收拾夏国残余力量。

这时夏主赫连定联络南方的刘宋，计划共同对魏进攻，并进而瓜分魏土。430年，太武帝一方面分军抗击打破南方刘宋的北上进军，同时另一方面恢复对赫连定的进攻，不久即收复长安，略取平凉，占有关中。

432年，夏主赫连定灭西秦，掠其民10余万，随即准备北击北凉。就在他的部队半渡黄河时，被吐谷浑王遣军捉拿，第二年被送至魏的京师平城。太武帝为斩草除根，下令斩杀了夏王赫连定。

至此，夏国彻底灭亡，北魏的版图扩大到夏国的疆域。关中也全部为北魏所有。

接着太武帝掉转兵锋，东指北燕。北燕在今辽宁一带，由冯跋所建，当时建都龙城，即今辽宁朝阳。冯跋执政期间，废除苛政，省徭薄赋，社会经济渐有发展。冯跋死后，其弟冯弘夺位，并杀冯跋诸子百余人，国势日衰。

432年6月，太武帝亲征北燕，同时遣使与刘宋通和，以防其北上。7月，太武帝率军经濡水，至辽西，进围此时北燕的都城和龙。冯弘坚兵固守，但燕属州郡纷纷降魏。魏军又分兵攻占四周燕土，孤立和龙。9月，因久攻和龙未下，拓跋焘引军西还。其后，太武帝遣军数次攻打和龙，以此进一步困乏北燕军力。

冯弘 字文通，长乐信都，今河北冀州人。十六国时期北燕国君。冯跋死后，冯弘杀死冯跋的儿子冯翼，自立为北燕国君，年号"太兴"，在位6年。437年，魏攻打北燕兵临城下，冯弘被迫逃往高句丽，不久被高句丽王所杀。

■ 北魏时战马陶俑

天下一统

历代统一与行动韬略

■ 北魏时期的鼓楼

435年,北燕遣使求救于南方的刘宋王朝,刘宋赐冯弘燕王封号,但无力援救。太武帝遣军4万人又攻和龙。燕主冯弘深感孤立无援,遣使于高句丽,请求到那里避难。随后又向魏求和。

太武帝拒绝燕的求和,遣将与辽西诸路魏军会攻和龙,同时遣使通谕高句丽等各方,进一步孤立北燕。但高句丽仍派兵迎冯弘。

436年,冯弘弃和龙奔高句丽避难,后来冯弘在高丽被杀。北燕灭亡后,这时的北方其他割据政权就剩下北凉了。

北凉据于河西,由匈奴族人蒙逊所建。在当时,蒙逊灭西凉,尽有酒泉、敦煌等地,西域30余国向他称臣,曾经雄踞一方,极为强盛。蒙逊死后,其子牧犍继位,但不几年,北魏即兵临其境了。

439年5月,太武帝治兵于平城西郊。6月,率兵西讨北凉,以永昌王健等督诸军,与常山王素两路为前锋,齐头并进,乐平王拓跋丕另督军为后继。魏军进展顺利,北凉军望尘退却。

8月,太武帝率魏军进抵北凉都城姑臧城下,随即展开围城之战。9月,牧犍率左右文武5000人面缚降于北魏军前，魏军占领姑臧，又分兵追击北凉残余势力于张掖、酒泉等地，北凉亡。

至此，北魏王朝统一了北方，结束了历时100多年的十六国分裂局面，从而与南方的刘宋政权并立，形成南北朝对峙的格局。439年魏灭北凉被认为是南北朝的开始年代。

北魏仪仗俑

北魏统一北方，对我国历史有着深远的影响。北方的重新统一，创造了一个较安定的社会环境，农业生产、畜牧业生产、手工业生产以及商业都得到发展，文化艺术也有新的发展。同时，北魏统一了北方，为各族之间的交流与融合创造了有利条件。

阅读链接

据《魏书·世祖纪》中记载，魏太武帝拓跋焘出生时"体貌瑰异"，太祖道武皇帝拓跋珪奇而悦之，说："成吾业者，必此子也。"

后来拓跋焘被明元帝拓跋嗣立为太子时，还同时任命南平公长孙嵩、山阳公奚斤、北新公安同为左辅；崔浩与太尉穆观、散骑常侍丘堆为右弼，共同辅佐太子。

拓跋焘执政后，明元帝常暗中观察拓跋焘。见拓跋焘多谋善断，明元帝非常高兴，认为拓跋焘"可得志于天下"。后来拓跋焘果然干出一番事业，统一了北方。

隋统一战争结束南北分裂

　　隋统一战争是隋文帝杨坚出兵北击突厥、南灭陈朝的一场战争。

　　它结束了自东晋十六国以来延续了270多年的南北分裂局面，推动了民族的融合，有利于当时社会经济的发展和文化的繁荣，同时也为大唐盛世奠定了政治、经济和文化等多方面的基础。

　　隋王朝统一全国，是历史发展的必然。隋文帝建立隋朝之后，注意争取人心，奖励生产，在政治上较为巩固，经济上较为富裕，军事上较为强大，因而具备了统一大江南北的条件，并最终完成了统一。

■ 隋文帝杨坚

隋文帝杨坚建立隋朝后，在北周和北齐的基础上，进一步采取一系列加强君主集权、发展社会经济的措施，使隋的政治、军事和经济力量日益壮大。

隋朝建立后，停止向突厥输送金帛，因而突厥统治者常常南下袭扰隋朝，威胁隋朝的统治。为巩固北部边防，防止突厥的袭扰，在边境增修亭障，加固长城，并命上柱国阴寿镇幽州，京兆尹虞庆则镇并州，屯兵数万以备之。

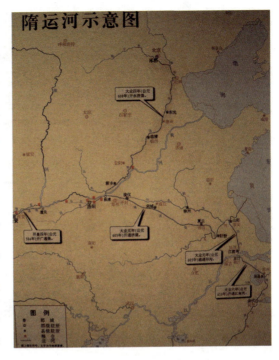

隋运河示意图

与此同时，隋文帝也在做灭陈的准备，他派大将贺若弼、韩擒虎分任吴州和庐州总管，并抓紧备战。581年，陈将周罗喉攻占江北隋的胡墅。隋文帝命尚书左仆射高颎节度行军元帅长孙览和元景山，准备率军伐陈。

就在这时，突厥沙钵略可汗寻找借口，联合原北齐营州刺史高宝宁，准备大举攻隋。

隋文帝根据隋朝新立，边防不固，实力尚不够充实等情况，决定变更原来计划，改取南和北战，先败突厥，后灭陈朝的战略。

582年春，隋文帝调整部署，于并州置河北道行台尚书省，以晋王杨广为尚书令；在洛阳置河南道行

突厥　中亚西亚等民族的主要成分之一。古代突厥是中亚北亚游牧民族。突厥的源流并未有定论，大致可以确定的是，他们应该带有塞种及匈奴的血统。西魏时首领土门击败铁勒，破柔然，建立政权。建立了官制，有立法，有文字。隋初分裂为东西两部。约在7世纪末8世纪初亡于回纥。

■ 隋炀帝铜雕壁画

可汗 又称大汗，或简称为汗。原意王朝、神灵和上天，阿尔泰语系民族对首领的尊称。最早出现于3世纪鲜卑部落。古代北亚阿尔泰语系游牧民族鲜卑、回纥、柔然、高车、突厥、吐谷浑、铁勒、女真等建立的汗国，其君主或政治首领皆称可汗。最初，这个称呼只是部落里部众对首领的尊称。

台尚书省，以秦王杨俊为尚书令；在益州置西南道行台尚书省，以蜀王杨秀为尚书令；并不断调兵遣将加强北方各要地守备，以御突厥。并又诏令高颎改变计划，设法与陈朝结好，以便抽回兵力，北击突厥。

隋文帝利用突厥各可汗间的矛盾，采纳奉车都尉长孙晟建议，实行"远交而近攻，离强而合弱"的策略，先后派出使臣结好西面的达头可汗和东面的处罗侯，以分化、削弱沙钵略的力量。

582年，沙钵略率本部与阿波等各可汗兵40万突入长城，分路攻掠北方要地。隋军曾分别在马邑、可洛崄击败来犯突厥军，但未能阻止其攻势。之后，突厥大军深入到武威、金城、天水、上郡、弘化、延安等地，大掠牲畜、财物等。

在隋军顽强抗击沙钵略主力后，突厥达头可汗不愿继续南进，引兵自去。隋将长孙晟乘机通过沙钵略之侄染干诈告：铁勒等反，欲袭其牙帐。沙钵略恐其后方生变，遂撤兵北返。

隋文帝经过3年的对突厥防御作战，争取了时间，基本上完成了反攻准备；而突厥则因隋的分化、离间政策，内部矛盾加深，加以灾荒严重，其势愈加不利。

583年，沙钵略再率各可汗兵南犯。隋文帝下达诏令，命卫王杨爽等为行军元帅，率隋军主力20万人分道反击突厥，以从根本上击破沙钵略，稳固北部边防。

隋军先后在白道、高越原、灵州、和龙等地各个击败突厥各部，并乘机说服阿波可汗归隋，进一步促成突厥内乱，使沙钵略与阿波等相互攻战不止。

584年春，达头降服于隋。584年秋，沙钵略因屡为隋军所败，也向隋求和称藩。隋军反击突厥获胜，北部边患基本消除，解除了南下灭陈的后顾之忧。

尚书令 官名。始于秦，西汉沿置，本为少府的属官，掌文书及群臣的奏章。汉武帝时由宦官司担任（又改称中书谒者令和中谒者令），汉成帝时恢复尚书令名称权势渐重领导尚书。东汉政务归尚书，尚书令成为对君主负责总揽一切政令的首脑。

■ 隋代骑兵陶俑

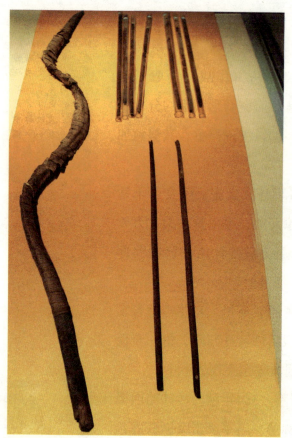

■ 出土的隋代弓箭

为了完成统一大业，隋文帝采取了许多重大措施。经济上颁布均田和租调新令，把荒芜的土地拨给农民耕种，减轻赋税徭役，兴修水利，促进经济的恢复和发展，并且储粮备战。

政治上强化中央统治机构和完善官制，废除一些酷刑峻法；外交上采取对策，不断派遣使者去陈朝，表面表示友好，实则探听虚实，使之松懈麻痹；军事上，改进北周以来的府兵制，集中兵权，加强军队训练，加固长城，训练水军。

在经过一番紧锣密鼓的准备之后，隋文帝遂于588年部署进军。设置淮南行省于寿春，以晋王杨广为尚书令。任命晋王杨广、秦王杨俊、清河公杨素为行军元帅，指挥水陆军50万人，同时从长江上、中、下游分八路攻陈。

八路攻陈的具体部署是，一、杨俊率水陆军由襄阳进屯汉口；二、杨素率舟师出永安东下；三、荆州刺史刘仁恩出江陵与杨素合兵；四、杨广出六合；五、庐州总管韩擒虎出庐江；六、吴州总管贺若弼出广陵；七、蕲州刺史王世积率舟师出蕲春攻九江；八、青州总管燕荣率舟师出东海沿海南下入太湖，进攻吴县。

前三路由杨俊指挥，为次要作战方向，目标指向武昌，阻止上游陈军向下游机动，以保障下游隋军夺取建康。后五路由杨广指挥，为主要作战方向，目标指向建康，其中杨广、贺若弼、韩擒虎三路为主力，燕荣、王世积两军分别从东、西两翼配合，切断建康与外地联系，保障主力行动。

隋军此次渡江正面东起沿海，西至巴蜀，横亘数千里，是我国历史上一次规模浩大的渡江作战。

为了达成渡江作战的突然性，隋在进军之前，扣留陈使，断绝往来，以保守军事机密。同时派出大批间谍潜入陈境，进行破坏、扰乱活动。

588年，杨俊率水陆军10余万进屯汉口，负责指挥上游隋军，并以一部兵力攻占南岸

隋代武士俑

杨素 字处道，隋朝权臣、诗人，杰出的军事家、统帅。北周时任车骑将军，曾参加平定北齐之役。他与杨坚为北周丞相。杨坚为帝，任杨素为御史大夫，后以行军元帅率水军东下攻陈。灭陈后，进爵为越国公，任内史令。杨广即位，拜司徒，改封楚国公。卒谥"景武"。

■ 隋代白瓷武士俑

樊口，以控制长江上游。

江南陈朝指挥长江上游军队的周罗侯，起初未统一组织上游军队进行抵抗，听任各军自由行动。当看到形势不利时，又收缩兵力、防守江夏，阻止杨俊军接应上游隋军。两军在此形成相持。

杨素率水军沿三峡东下，至流头滩，陈将戚欣利用狼尾滩险峻地势，率水军据险固守。杨素于是利用夜暗不易被陈军窥察之机，率舰船数千艘顺流东下，遣步骑兵沿长江南北两岸夹江而进。刘仁恩部亦自北岸西进，袭占狼尾滩，俘虏陈全部守军。

陈南康内史吕忠肃据守歧亭，以三条铁锁横江截遏上游隋军战船。杨素、刘仁恩率领一部登陆，配合水军进攻北岸陈军，经40余战，终于在击破陈军，毁掉铁锁，使战船得以顺利通过。

此时，防守公安的荆州刺史陈慧纪见势不妙，烧毁物资，率兵3万人和楼船千艘东撤，援救建康，但被杨俊阻于汉口以西。周罗侯、陈慧纪也被牵制于江夏及汉口，无法东援建康。

在长江下游方面，当陆军进攻的消息传来，陈各地守军多次上报，均被朝廷掌管机密的施文庆、沈客卿扣压。隋军进至江边时，施文庆又以春节将至为由，拒绝出兵加强京口、采石等地守备。

589年正月初一，杨广进至六合之南的桃叶山，乘建康周围的陈军正在欢度春节之机，指挥大军分路渡江：派行军总管宇文述率兵3万人由桃叶山渡江夺占石头山，贺若弼由广陵南渡占领京口，韩擒虎由横江夜渡。

陈军因春节酒会，仍处醉乡之中，完全不能抵抗，韩部轻而易举袭占采石。正月初三，陈后主陈叔宝召集公卿讨论战守，次日下诏"亲御六师"，委派萧摩诃等督军迎战，施文庆为大监军。

中古时期

文韬武略

■ 陕西出土的隋代黄釉武士俑

陈叔宝、施文庆都不懂军事，随意将大军集结于都城，中派一部舟师于白下，防御六合方面的隋军，另以一部兵力镇守南豫州，阻击韩擒虎部的进攻。

隋军突破长江之后，迅速推进。贺若弼部于正月初六占领京口后，以一部进至曲阿，牵制和阻击吴州的陈军，另以主力向建康前进。韩擒虎部占领姑孰后，沿江直下，陈沿江守军望风而降。

正月初七，贺若弼率精锐8000人进屯钟山以南的白土岗，韩擒虎部和由南陵渡江的总管杜彦部2万人在新林会合，宇文述部3万人进至白下，隋大军继续渡江跟进。至此，隋军先头部队完成了对建康的包围态势。

建康 今南京的古称。三国吴、东晋、南朝宋、齐、梁、陈先后在此建都。六朝时期，建康是我国古代的政治、经济、文化中心，也是世界上第一个人口超过百万的城市。以建康为代表的南朝文化，在人类历史上产生了极其深远的影响。

笔冠彩陶俑

历代统一与行动韬略

建康地势虎踞龙盘,十分险要。此时,陈在建康附近的部队仍不下10万人,陈叔宝弃险不守,把全部军队收缩在都城内外,又拒不采纳乘隋先头部队孤军深入立足未稳之机进行袭击的建议。

正月二十,陈叔宝决定孤注一掷,命令各军出战,在钟山南布成一字长蛇阵。但陈军既未指定诸军统帅,又无背城一战的决心,各军行动互不协调,首尾进退不能相顾。

贺若弼未待后续部队到达,即率先头部队出战陈鲁广达部,初战不利,贺若弼燃物纵烟,掩护撤退,尔后集中全力攻击萧摩诃部。陈军一部溃败,全军随之瓦解。

在这同一天,韩擒虎进军石子岗,陈将任忠迎降,引韩部直入朱雀门,攻占了建康城。

藏匿于枯井之中的陈叔宝被隋军俘虏。正月二十二,杨广进入建康城,命令陈叔宝以手书招降上游陈军周罗侯、陈慧纪等部。同时遣兵东下三吴，南进岭南等地，先后击败了残存陈军的抵抗。

至此，隋文帝结束了西晋末年以来近300年长期分裂的局面，实现了全国的统一。

隋统一战争在战略运用上的特点为：集中使用兵力，力避两面作战。当决定先南后北时，即采用北守南攻方针，先巩固北部边防，并部署一定数量的机动部队，以保障南进时后方的稳定。

当突厥突然大举进犯，对隋王朝构成严重威胁时，立即变更战略，改为先北后南，采用南和北攻的方针，撤回南进大军，与陈朝结好谈和。待以政治分化瓦解和军事打击击败突厥后，再转兵攻陈。

■ 骑兵盔甲陶俑

在攻陈作战中，隋文帝更是根据情况变化，灵活确定战略打击目标，并且做到了军政并举，对陈先以外交等手段，使之麻痹松懈，继之以军事手段使其疲惫消耗。

当条件成熟的时候突然集中兵力给以打击，加之战争准备充分，保证了渡江作战的顺利进行，使陈朝迅速土崩瓦解。

隋王朝统一全国，是历史发展的必然趋势。自西晋末年以后，华夏大地南北长期陷于分裂状态。但随

三吴 我国古代的地名，指的是东晋南朝最为重要的地理范围。有狭义的和广义的两种。狭义指的是吴、吴兴、会稽三郡，而广义除吴、吴兴、会稽三郡外，还包括了其他一些郡。我国古代的富庶地区。

隋唐士子科举图

着经济的发展，南北之间的联系日趋密切，统一成为了时代的需要。

　　隋文帝建立隋朝之后，注意争取人心，奖励生产，并取得了不错的效果。政治上较为巩固，经济上较为富裕，军事上较为强大，因而具备了统一南北的条件，并最终完成了统一。

阅读链接

　　隋文帝不但重视制定法律，而且执行法律也非常严格，就是对待自己的儿子也不例外。

　　隋文帝的第三个儿子名叫杨俊。杨俊在全国统一后被封为秦王，他违反制度，偷偷放债取息，实际上是敲诈勒索。而杨俊手下的一些官员也乘机为非作歹，致使那些深受其害的小官吏和黎民百姓苦不堪言。

　　隋文帝得知消息后，派专使进行调查，处罚了100多个与这件事有牵连的人，并撤销了杨俊的一切官职，不许他再参与政事。消息传出，朝野震动。

统一战争造就唐朝盛世

隋朝灭亡之后，称王称帝者数不胜数，相互之间争战不休，天下面临再一次大分裂的危机。

唐朝在基本统一中原后，又消灭了依附突厥的梁师都，最终得以扫灭群雄，重新统一了华夏大地。

唐太宗李世民在统一战争中发挥了巨大的作用，此后他又开创了初唐盛世的贞观之治，使我国封建社会进入了鼎盛辉煌的伟大时期。从此，一个强大、统一和繁荣的封建帝国屹立在了世界的东方。

■ 唐太宗李世民

■ 李渊 字叔德,唐朝开国皇帝,谥号"太武皇帝",庙号高祖。唐高宗时加谥"神尧大圣皇帝",杰出的政治家和战略家。李渊出身于北朝的关陇贵族,7岁袭封唐国公。隋末天下大乱时,李渊乘势从太原起兵,攻占长安,并称帝。不久之后唐朝便统一了全国。他奠定了290余年的盛唐伟业,属一代开国明君,在我国历史上占有重要位置。

隋朝在农民起义战争的冲击下四分五裂,贵族、官吏、豪强地主纷纷拥兵割据。隋太原留守李渊乘机起兵反隋,夺取都城长安,于618年在长安称帝,建立了唐朝,改元武德。

唐初割据政权主要有:薛举、李轨、刘武周、梁师都、王世充、萧铣、林士弘、窦建德、杜伏威等。于是,唐朝开始了统一全国的战争。

李渊为了统一全国,采取了先固关中,东攻中原,再平江南的方略。他一面采取措施争取民心,一面派兵扩大领地,先后攻占南阳、安陆、荆襄等地。

李渊在关中站稳脚跟后,首先对威胁关中的薛举、李轨和刘武周采取武力征讨与分化瓦解相结合的方法,进行各个击破。

薛举据有陇西之地,拥兵13万,自称西秦霸王,不久称秦帝,早与李渊争夺关中,但未得逞。618年,金城的西秦霸王薛举进攻唐朝。

唐军与秦军在高摭对阵。由于统帅李世民生病,唐军被秦军打败。不久,薛举病死。其子薛仁杲继位。李渊乘机派使赴凉州封李轨为凉王,以孤立薛仁杲,同时派出李世民率军进攻薛仁杲军。

两军在浅水原交战。李世民取坚壁疲敌战法，挫伤了秦军锐气，击败了秦军，一举歼敌10万之众，俘虏了薛仁杲。唐占陇西地。次年，唐军擒获割据在西北的另一个首领凉帝李轨，完成了对西北的统一。

在浅水原之战中，李世民巧妙地利用步兵和骑兵两个兵种在攻守上的不同优势，在长期的正面坚壁挫锐之后突然加以狂风暴雨般的背后突袭，从而获得会战的胜利，而此后又趁破竹之势以骑兵快速突击，攻灭敌人的老巢。

李世民的这套兵法成为后来他连破强敌的重要思想，如后来进攻刘武周、宋金刚、刘黑闼等人所采用的战术与浅水原之战都不无相似。利用骑兵奇袭敌军侧背，当己方占有骑兵优势时还不困难，但如浅水原之战那样，唐军的骑兵全占劣势，却仍然能取得大胜，这不能不归功于李世民的军事才能。

619年，马邑定杨可汗刘武周发兵南下，打败了留守太原的李元吉，第二年攻占太原，继派大将宋金刚挥军南下，攻陷唐朝数州。不久又打败裴寂，致使关中大震。

李渊想弃河东，被李世民劝止，遂派其率军渡河进击，与宋金刚对阵于柏壁。

浅水原　最早叫鹣鹆。位于陕西省西安市长武县东北，是古秦地的边缘。618年，唐朝秦王李世民率军在浅水原对陇西割据势力薛举、薛仁杲父子所部的作战，此役一举击败薛仁杲，夺取陇西，除去关中西面的一大威胁势力。

■ 唐代文官俑

■ 五龙潭秦琼祠

虎牢关 又称汜水
关，即今河南省
荥阳市西北的汜
水镇境内。它作
为洛阳东边门户
和重要的关隘，
因西周穆王在此
牢虎而得名。南
连嵩岳，北濒黄
河，山岭交错，
自成天险。大有
"一夫当关，万
夫莫开"之势，
地势极为险要，
为历代兵家必争
之地。

李世民以主力坚壁不战，待刘武周士气低落，以
少量兵力扰敌，断其粮道。切断了刘武周的退路。
两军相持5个月之久，宋金刚终因粮尽兵疲而引军
北撤。

李世民率军穷追，秦叔宝、殷开山在美良川打败
刘武周的大将尉迟敬德，日行200里，连败宋军，斩
数万人。刘武周、宋金刚逃奔突厥，不久被杀。

经过3年征战，唐已拥有西至陇右，南拥巴蜀，
北据河东的巩固的根据地。从此唐朝统一了北方。

在唐朝的统一战争史上，柏壁之战具有极为特殊
的意义，这是唐朝建立以后遭遇的最大规模一场战
争，是秦王李世民平定北方割据势力刘武周、宋金刚
的关键战役。

李世民采取先疲后打方针，以主力坚壁蓄锐，待

机破敌，遣偏师袭扰敌后，断其粮道，逐渐削弱敌之力量，积极创造战机，适时转入进攻，在进攻中力排众议，穷追猛打，连续作战，终获全胜，且收服大将尉迟敬德。唐军夺回河东，对巩固关中，尔后争夺中原具有重要的战略意义。

619年，郑王王世充废隋皇泰主，在洛阳称郑帝，成为中原最大的割据势力。李渊在巩固关中后，于620年派秦王李世民率军10万人攻打王世充。同时派太子李建成、唐俭等保障其侧翼安全。

李世民鉴于洛阳城坚，王世充兵强，在攻克慈涧后，即分兵阻断其南北救援道路，自率主力屯于北邙包围洛阳。同时派兵攻占洛阳外围要地，河南各郡县纷纷降唐。

王世充几次突围，均被唐军击回。王世充派人向窦建德求救。此时，窦建德已在河北称夏王，他怕郑亡夏更加孤立，难以对抗唐军，遂亲率10万大军救援洛阳，结果被李世民阻于虎牢关前进不得。

李世民率兵3000人，抢占了虎牢关，趁夏军疲惫时发起猛攻，将

唐代骑兵武士俑

■ 唐代勇士图

玄武门之变 626 年，以唐高祖李渊次子秦王李世民为首的秦王府集团，在唐朝首都长安城大内皇宫北宫门即玄武门附近发动的一次流血政变，结果李世民杀死了自己的长兄皇太子李建成和四弟齐王李元吉，成为皇太子并掌握实权，旋于同年9月4日继承皇位，为唐太宗。

夏军击败，俘获窦建德。王世充见大势已去，开城投降。

窦建德部将刘黑闼再次起兵失败，后引突厥兵返回河北，一度恢复了失地，但不久兵败被杀。这时，唐王朝控制了黄河流域，取得了河南河北的统治权。

洛阳、虎牢之战，是秦王李世民与郑帝王世充、夏王窦建德的战略决战。在此战中，李世民审时度势，胸有全局，坚持既定战略方针，敢于决战，又力排众议，积极扩大战役规模。

以围城打援，避锐击惰，捕捉战机，奇兵突袭，并注意战术配合，运用穿插、迂回、分割等手段，将窦建德、王世充各部逐一予以击破，从而淋漓尽致地发挥了李世民卓越的指挥才能。

此战彻底扭转中原的情势，统一了我国北方，奠定了唐朝的疆域。李世民军功显赫，高祖特设天策上将册封李世民，也间接导致日后的"玄武门之变"。

621年，唐朝赵郡王李孝恭、庐江郡王李瑗、将军李靖等率兵进攻割据江陵、巴蜀、湖南一带的梁帝萧铣。盘踞江陵的梁帝萧铣，拥兵40万，是南方最大的割据势力。但其心胸狭窄，多疑，滥杀功臣，生怕部将恃功不能控制，借口营农制把兵员解散还乡，只留宿卫数千人，将士离心离德。

李孝恭、李靖利用长江水涨，率军进攻江陵。唐军顺江而下，大败萧铣勇将文士弘于清江，直逼江陵。萧铣大惧，临时征兵又来不及，急命宿卫军出战，结果大败而回。无奈，只得出降。

唐军进江陵后，李孝恭接受李靖和萧铣降官岑文本的建议，严明军纪，对萧铣的降将家眷予以保护。这样，南方州郡都望风归附。

唐平萧铣之战后，唐军又击败在庭州称楚帝的林士弘，使唐占据了长江中游及岭南地区。后辅公拓又图再起，在丹阳自称宋帝。

李渊派军讨伐，在博望山、青林山大败宋军，直扑丹阳。辅公拓

唐三彩轻骑兵俑

弃城东走武康，后被俘杀。

由于李渊杀了窦建德，窦建德的部下刘黑闼以替窦建德报仇为口号，于621年起兵反唐，自号汉东王，建元天造，都于洺州，严重威胁唐朝在河北地区的统治。李渊命李世民和齐王李元吉率兵讨伐刘黑闼，命李艺再次从幽州南下，两面夹击。

621年，唐军与刘黑闼会战于洺水城。该城四面环水，水宽50余步，深三四丈，刘黑闼在城东北修建两条甬道准备攻城。李世民遂登上城南高坟，用旗语令王君廓突围，同时命勇将行军总管罗士信率200士卒进城，代其坚守城池。

■ 唐朝骑马俑

洺水 我国古代河流名，亦称洺河，在今河北南部。古称寝水、千步水、南易水。发源于武安市西北摩天岭两侧，向东南流经武安市的绝大多数乡镇，于康二城镇的永合村相汇，南北洺河汇合后称洺河。

刘黑闼军在甬道修成后，连续八昼夜，猛攻洺水城，恰逢大雪，唐军无法增援，洺水城陷落，罗士信被杀。之后，李世民率军夺回洺水城。并于622年先遣轻骑出战，继而亲率精骑击破刘黑闼马军，乘胜马践踏其步兵。刘黑闼率军拼死抵抗，战斗从中午持续到黄昏。

这时，刘黑闼和范愿率骑逃入突厥。不久，汉王刘黑闼复叛。鲁王徐圆朗和燕王高开道起兵响

唐太宗上朝陶像

应。李建成率兵迎战，将刘黑闼击败擒杀。

至此，除了朔方的梁师都外，唐王朝统一全国的大业基本完成。梁师都依靠突厥贵族的庇护，才得以割据朔方。

628年，唐太宗乘突厥衰乱，派兵攻灭了梁师都。这样，唐朝重新统一了全国。

唐统一战争客观上顺应了广大人民要求结束战乱的意愿，有利于对当时社会经济的恢复和发展。在隋末群雄混战的复杂情况下，李渊父子把握有利时机，利用各种势力间的矛盾，采取正确的方针、政策，争取民心，收揽人才，建立和巩固关中根据地，不断增强实力；准确选定打击目标，运用远交近攻、各个击破、攻战与攻心相结合的方略和坚壁挫锐、先疲后打、攻其不备、骑兵突袭、穷追猛打等战术，历经七年征战，终于夺取了唐初统一战争的胜利，其在中国战争史上占有重要地位。

在整个战争中，秦王李世民起了举足轻重的作用。他既有战略眼光，又有指挥才能，关键时刻能挺身而出，或以智退敌，或以身诱

唐朝士兵俑

敌，或勇猛追击。特别是其避锐击惰、疲敌制胜的战术，在中国历代兵家中是最为突出的，他指挥的几次战略决战如浅水原之战、柏壁之战、虎牢之战、洺水之战等均是如此。

李渊、李世民父子，利用了农民起义的力量消灭隋军主力，削弱割据势力的大好时机，依靠了自己的背景及政治军事经验，完成了统一全国的宏伟大业，避免了历史大分裂的再次出现。随着李世民贞观之治的到来，一个统一强大的唐朝屹立在了世界的东方。

阅读链接

李世民有时受不了魏征的直言指责，曾经发誓要治一治这个"乡巴佬"。长孙皇后见皇帝因魏征直谏发怒，就换上正式的皇后服饰，站在庭院之中，向皇帝大礼参拜。

李世民大吃一惊。长孙皇后说："我听说，领袖英明则部下正直，魏征之所以正直，正由于你的英明，我怎能不祝贺！"

李世民这才想到自己过分，不久之后，即擢升魏征为侍中，相当于宰相。李世民有这样的皇后，恐怕是他成就千古英名的一个重要原因。

从五代十国到元代是我国历史上的近古时期。这一时期的战争具有独自的特点。五代十国时期没有形成具有统一意义的政权。北宋主要在今河北到宁夏一带，消灭了藩镇割据，实现了局部统一。

成吉思汗在蒙古草原上掀起了一股强劲的雄风，建立了横跨欧亚大陆的庞大帝国。蒙古帝国在灭掉西夏和金以后，又消灭了割据江南的南宋政权，这样，华夏大地第一次处在由少数民族蒙古族的一统之下。

近古时期

雄兵征战

北宋统一结束藩镇割据

北宋统一战争，是宋朝建立后，对五代十国后期的割据政权武平、后蜀、南汉、南唐、北汉的统一战争。

北宋为消灭藩镇割据，实现天下统一，采取了先易后难、先南后北的方略，举兵平荆湖，灭后蜀、南汉、南唐、北汉等割据势力，实现了局部统一，这也是来之不易的。

北宋虽未完全统一中国，但它也结束了自唐朝安史之乱以来近百年的分裂局面，实现了南北主要地区的统一，对社会经济文化的发展起到了一定的促进作用。

■ 宋太祖赵匡胤

960年，赵匡胤以"陈桥兵变"夺取帝位，建立北宋王朝，赵匡胤就是宋太祖。

当时，除北方有契丹族建立的强大的辽政权外，尚有江汉的南平，湖南的武平，两川和汉中的后蜀，岭南的南汉，江淮地区的南唐，两浙地区的吴越，河东江州的北汉等割据政权。面对严峻局势，北宋统一战略是否得当便成为统一事业成败的关键所在。

为实现统一，宋太祖加强中央集权，改革军制，发展生产，巩固统治。经过两年在政治、经济、军事诸方面的准备，确定先易后难、先南后北的战略决策，决心袭占荆南和湖南，攻灭前、后蜀，攻灭南唐，灭亡北汉，通过战争创造统一局面。

962年，宋太祖部署兵力，选择荆、湖为突破口，挥师南下，统一战争开始了。

荆南和湖南地处长江中游要冲，南北相邻，又东临南唐，西接后蜀，南靠南汉。占领荆南和湖南，即可割裂江南诸国，为各个击破创造条件。

962年，湖南衡州刺史张文表兵变占领潭州。湖南武平节度使周保权向宋求援。宋太祖遂决定在出师湖南之际，假道荆渚，先灭南平高继冲政权，再接着灭亡武平周保全势力。

■ 宋代骑兵

陈桥兵变 赵匡胤建立宋朝前夕所进行的一场政变。960年，大将赵匡胤借口北汉与辽联合南侵率军出大梁，至陈桥驿授意将士给他穿上黄袍拥立他为帝。此次兵变最后导致了后周的灭亡和宋朝的建立，推动了历史的发展。

北宋睚眦纹鎏银铁斧

963年初，宋太祖命山南东道节度使慕容延钊为湖南道行营前军都部署，枢密副使李处耘为都监，率安、复等10州兵马，以讨张文表为名，借道荆南向武平进军。

接着，宋军到达荆门。慕容延钊一面殷勤招待荆南使者，一面密派李处耘率数千轻骑乘夜向江陵急进，乘高继冲惶恐出迎之机，迅速抢占城内要点，高继冲被迫请降，荆南政权遂亡。

之后，宋军继续水陆并进，经三江口澧州南等作战，歼灭湖南兵，占领朗州，俘周保权，湖南周氏政权遂亡。

宋军并灭荆南和湖南，使北宋势力伸入长江以南，切断后蜀与南唐之间的联系，为尔后入川灭蜀，进军岭南南汉和东灭南唐创造了有利条件。

宋太祖灭荆南和湖南后，占据长江中游战略要地，切断了后蜀与南唐的联系，遂策划攻蜀。令张晖为凤州团练使，得蜀国虚实及山川险易；加紧制造战船，训练水军；命诸州造轻车，以供山地输送之用；设西南面转运使，做攻战的物资准备。

963年11月，宋太祖发兵5万人，分两路攻蜀。令王全斌、崔彦进为西川行营凤州路正副都部署，王仁赡为都监，率北路步骑3万人，自凤州沿嘉陵江南下；令刘光义为西川行营归州路副都部署，曹彬为都监，率东路步骑2万人自归州溯江而上。两路分头并进，直指成都。

后蜀主孟昶为抵御宋军，命王昭远为北面行营都统，赵崇韬为都监，率兵3万人自成都北上，扼守利州、剑门等要地；另以韩保正、李进为正副招讨使，率兵数万趋兴元，加强北面防御；东面仍由昭武节度使高彦俦等扼守夔州。

12月中旬，宋北路军进入蜀境，攻克兴州，败蜀军7000人，继克石圌、鱼关等20余城寨。蜀将韩保正闻兴州失守，弃兴元，移师西县，以数万人依山背城，结阵自固。

宋马军都指挥使史延德率军乘胜进攻西县，击溃蜀军，擒获韩保正、李进等人，继而穿越三泉，直趋嘉川，俘杀其众。

韩保正和李进的余部为了阻止宋军南进，烧断栈道，退保葭萌。此时王昭远、赵崇韬率军据守利州城及其以北的大、小漫天寨诸要点，阻击宋军。

利州在嘉陵江东岸，群山环绕，地形险峻，是入蜀的咽喉要地。王全斌鉴于栈道断绝，难以直进。命崔彦进率兵一部抢修栈道，进克

宋代战马雕像

复原后的宋代城防

小漫天寨；自率主力由嘉川东南的罗川狭径迂回南进。两路军于深度，即小漫天寨南嘉陵江渡口会师，并夺占桥梁。又分兵三路夹攻大漫天寨，大败蜀军精锐，俘义州刺史王审超等。

宋代武将石像

王昭远、赵崇韬率兵出战，三战皆败，遂于桔柏津渡江，焚浮桥，退保剑门。宋军占利州。

12月下旬，刘光义率东路军，入三峡，连破三会、巫山等寨，杀蜀将南光海等，擒战棹都指挥使袁德弘，歼灭水、步军1.2万余人，夺战舰200余艘，乘胜向夔州急进。

夔州为巴东之咽喉，蜀军于城东设锁江浮桥，上置木栅三重，夹江列炮，防御甚严。刘光义军进至浮桥东30里处，为避实击虚，舍舟登陆，夺取浮桥，水陆配合，一举攻破蜀军防线。

夔州节度使高彦俦认为宋军涉险远来，利在速战，当坚壁固守。监军武守谦不从，率所部千余人贸然出战，大败而归。宋马军都指挥使张廷翰率军追击，突入城内。高彦俦力战失败自焚。

宋军占领夔州后，沿江西上，收降万、开、忠等州，直逼成都。

965年正月初，孟昶闻王昭远等败，惊惧之余，遂命素不习武的太子孟玄喆为元帅，率甲兵万余，增援后蜀的重要屏障剑门。此时宋北路军已占剑州以北的益光。

王全斌知剑门天险，不易强攻，命史延德率兵一部，经城东南来苏小径迂回至剑门南，自率主力从正面进攻。

王昭远闻宋军将至，仅以偏将守剑门，自率主力退保汉源坡。宋军前后夹击，速克剑门，并趋汉源坡。王昭远惊惧，战守无方。赵崇韬布阵迎战，战败被俘，损兵万余。王昭远亦被宋追兵俘获。

宋军乘胜占领剑州。孟玄喆到了绵州，闻剑门已失，弃军仓皇逃

宋代钱币

回成都。宋军两路先后进抵成都。

孟昶见大势已去，乃降，后蜀亡。

荆湖、后蜀灭亡后，南唐、吴越臣服，唯南汉主刘鋹拒绝臣服宋。969年，宋太祖以右补阙王明为荆湖转运使，做出战南汉的物资准备。

970年，宋太祖命潭州防御使潘美为贺州道行营兵马都部署，率由各州自行组成的地方军队长驱南下，中间突破，直趋贺州。潘美声言沿贺水东取兴王府，以诱歼南汉军主力。南汉主刘鋹派大将伍彦柔率舟师溯郁江、贺水西上增援。

■ 宋代城砖

9月，宋军围困贺州，随军转运使王明率护送辎重卒百余、丁夫数千，挖土填堑，直抵贺州城下。最后宋军伏击取得胜利，杀伍彦柔，占领了贺州。

宋军占领贺州后，潘美为诱南汉军主力北上，乘机歼之，遂扬言顺流东下，直趋兴王府。

刘鋹急忙起用被解职多年的宿将潘崇彻为马步军都统，领军3万人，北上截击。潘崇彻进抵贺江，适逢潘美率军西进，遂拥兵自保。

10月，宋军于昭州西南败南汉军，昭、桂二州刺史弃城遁走，宋军遂得二州。宋军继而转兵东向，11月攻克连州。12月，宋军直逼兴王府的北部咽喉要地韶州。

南汉都统李承渥率兵10余万，于莲花峰下，以象

李煜 字重光，初名从嘉，号钟隐、莲峰居士。彭城，就是今江苏徐州人。南唐后主。被俘后，在开封被封为违命侯。精书法，善绘画，通音律，精诗文，尤以词的成就最高。被称为"千古词帝"。

队置阵前，每象载十数人，皆执兵器，梯次向宋军推进。宋军设拒马为障，以强弩猛射，象中箭回奔，反践南汉军。宋军乘势冲杀，俘斩数万，遂取韶州。

971年，宋军攻克英、雄二州。随即进至马径，以火攻破南汉招讨使郭崇岳6万兵。宋军乘势急攻，大败南汉军。郭崇岳死于乱军中，刘保兴逃归兴王府。宋军兵临城下，刘鋹被迫出降，南汉亡。

在此战中，宋军长驱直入，运用奇兵设伏、弩射象阵、火攻栅栏等战法，逐次攻破南汉军防线，直捣其都城，迫其投降。

宋灭南汉后，南唐后主李煜，表面上臣服以求自保，暗中却加紧备战。以防宋军进攻。

宋太祖志在统一江南。经2年准备，于974年9月，命宣徽南院使曹彬为升州西南面行营马步军战棹都部署，偕都监潘美，统领10万大军出荆南，调吴越军出杭州北上策应；并遣王明牵制湖口南唐军，保障主力东进。

■ 宋战争壁画

■ 宋太宗 赵炅，本
名赵匡义，后因避
其兄宋太祖讳改名
赵光义。宋朝第二
位皇帝，谥号"至
仁应道神功圣德文
武睿烈大明广孝皇
帝"，庙号太宗，
葬永熙陵。他在
位期间很有作为，
勤于政务，关心民
生，并消灭北汉割
据政权，完成宋太
祖的遗愿，实现统
一。不过由于他两
度伐辽失败，导致
四川王小波、李顺
农民起义。

10月，曹彬率军顺长江东下，水陆并进，攻破池州，占领采石。于11月，在采石架通长江浮桥，保障大军渡江，继续向东推进。

975年，宋军破溧水，继与10万南唐军激战于秦淮河，大败南唐军，直逼江宁城，在西路王明军和东路吴越军配合下，全歼南唐神卫军都虞侯朱令赟率领的10万救援军，于11月攻破江宁。李煜降，南唐灭亡。

此战是继晋灭吴之战和隋灭陈之战后，我国战争史上第三次大规模的渡江作战，宋军在长江下游成功地架通浮桥，成为我国古代战争史上的一个创举，使大军克服天险，分兵击破南唐守军，攻占江宁，迫降南唐。

历史再一次证明，在南方作战，从某种意义上说，是水军的较量。水军强大并预有准备者，赢得战争的胜算会更大。晋灭吴、隋灭陈都是如此，宋灭南唐也是如此。南唐后主李煜过分依赖长江天险，欲以"坚壁以老宋师"的防御战法，坐失利用宋军渡江时反击的时机，终于失败。

976年8月，宋太祖准备收复燕云。正在调兵遣将之时，不料宋太祖去世，赵光义继位，为宋太宗。因国丧之故，遂于12月召回北伐之师。至此，宋太祖遣军进攻北汉的战争，均因辽军援阻，未获成功。

宋统一江南后，实力倍增。宋太宗继承太祖赵匡胤的未竟之志，决意继续攻北汉。

979年年初，宋太宗采取攻城阻援的作战指导，命宣徽南院使潘美为北路都招讨制置使，率崔彦进、李汉琼、曹翰、刘遇等军攻太原；命云州观察使郭进为太原北石岭关都部署，阻击从北面增援的辽军；命田仁朗、刘绪负责侦察太原城四面壕寨并检查攻城的各种器材；命孟玄莆为兵马都钤辖，驻泊镇州，阻击从东面增援的辽军；命河北转运使侯陟、陕西北路转运使雷德骧分掌太原东、西路转运事，并命行在转运使刘保勋兼任北面转运使；宋太宗亲率主力一部出镇州，牵制幽州的辽军大规模西援或南下。

2月，宋太宗率军由东京出发，3月进至镇州，分兵攻盂县、沁州、汾州、岚州等外围州县，以牵制这些地区北汉军对太原的增援。

北汉主刘继元闻宋大兵压境，急遣使赴辽求援。辽帝命南府宰相耶律沙为都统，冀王敌烈为监军，率兵援救北汉。耶律沙打算等后续部队到齐后再战，敌烈等认为立即进攻有利，于是在白马岭抢先渡涧进攻宋军。

■ 宋代钟形铜镜

郭进军乘敌烈部半渡，突然出击，斩敌烈等五员大将，歼万余人，辽军余众仓皇逃走。此时，北院大王耶律斜轸率军赶到，万箭齐发，宋军方始退。

北汉再次派人向辽求援，但使者被郭进军捉住杀掉。北汉潜师出击，又被宋军击败，遂据太原城固守。

宋军打援获胜，乘势全线进攻。4月，宋军攻下盂县、隆州、岚州等地区后，宋太宗率军至太原，以数十万大军，集兵围城。宋太宗巡城抚慰诸将，并致书招降北汉主刘继元，但被拒绝。

5月，北汉主刘继元在外无援兵，内无斗志的情况下，出城投降。北汉灭亡。至此，北宋统一战争以消灭北汉之战的最后胜利而结束。

北宋在削平南方诸国后，按照先南后北、统一中国的战略，收复幽云便被提到了议事日程之上。后于1004年12月，宋辽讲和，签订"澶渊之盟"，双方约为兄弟之国，承认边界现实，宋每年给辽白银10万两，绢20万匹。从此，宋辽两国维持了100余年的和平通好关系。

历代统一与行动韬略

■ 宋代岳阳楼复原模型

辽 北宋时期全图

辽天庆元年 北宋政和元年(公元1111年)

图 例

南海

　　北宋虽未完全统一中国，但也实现了局部统一。结束了自唐朝中叶安史之乱以来的藩镇割据和五代十国的分裂局面，实现了南北方主要地区的统一，对社会经济文化的发展起了促进作用。

阅读链接

　　有一天，宋太祖在御花园内用弹弓打鸟，正玩得高兴，突然传来景阳钟急促的响声。在古代，景阳钟响说明有事要奏明皇帝。

　　宋太祖丢下打鸟工具匆忙入殿，岂料那些奏折只是有一些鸡毛蒜皮的小事，大为恼怒。撞钟人小声地说：“小事也比打鸟要紧。”

　　宋太祖一听，随手夺过侍卫手中的钺斧，用钺斧柄敲掉了撞钟人两颗门牙。撞钟人慢慢捡起牙齿放进怀里，并说：“此事虽小，却会有史官记载。”

　　太祖冷静一想，便消除了怒气，还给撞钟人封了个官。

成吉思汗统一蒙古之战

成吉思汗统一蒙古之战，指成吉思汗自12世纪80年代至13世纪初统一蒙古高原上分布着的几个强大的游牧部落的战争。

成吉思汗统一蒙古各部落的战争，在我国古代战争史上具有重要地位，在我国历史上也具有重要意义。它既充分显示了成吉思汗的雄才大略和高超的军事指挥艺术，也给我国北方草原带来了勃勃生机。

蒙古统一后，蒙古帝国在政治、经济和文化等方面都获得了较快发展和质的飞跃，为后来忽必烈建立大元打下了坚实的基础。

■ 成吉思汗铁木真

■ 成吉思汗壁画

辽及北宋时期，在蒙古高原上分布着几个强大的游牧部落，如蒙古、塔塔儿、篾儿乞等。蒙古各部贵族为了抢夺草原、财产和奴隶，相互间展开了长期的、激烈的部落战争。

在蒙古诸部战争中，蒙古乞颜氏首领合不勒汗被推举为第一位可汗，统辖了全部蒙古。合不勒汗的继任者忽图剌汗死后，蒙古部落联盟分裂为泰亦赤兀惕和乞颜两大部落。

蒙古乞颜氏的孛儿只斤氏贵族首领孛儿只斤·也速该，被塔塔儿人用毒药害死，其子铁木真在克烈部首领王罕和札只剌惕部首领札木合的援助下，打败了来袭击的篾儿乞人，夺回了很多部众，力量逐渐壮大了起来。

1189年，铁木真被推举为蒙古乞颜部可汗，成为

孛儿只斤·也速该 他是成吉思汗的父亲。也速该一生坎坷，生不逢时。他在世时，正值祖上创立的第一个蒙古王国被塔塔儿部和金国摧毁，处于多灾多难的历史时期。在历史上，像也速该那样死后获得显赫声名的人简直寥若晨星。

■ 草原蒙古包

蒙古乞颜部的首领。铁木真从属民及奴仆中选拔自己的亲信，组成了护卫军。这支队伍，成为铁木真统一蒙古高原军事力量的基础。

铁木真称汗引起了雄心勃勃的札木合的嫉恨，札木合感到危及了自己的霸主地位。于是，他借口部人劫掠铁木真马群被射杀，于1190年，联合泰赤乌等13部共3万人进攻铁木真。

铁木真得到札木合部下亦乞列思人的报告后，将自己所属3万人分为十三翼，也就是13个营，铁木真和母亲诃额伦各分统一翼军，其余各翼多由乞颜部贵族统领。双方大战于答阑巴勒主惕。史称"十三翼之战"。铁木真在"十三翼之战"中战败，为保存实力退至斡难河的哲列捏山峡，扼险而守。

在此战中札木合虽然取得胜利，但他残忍地对待俘虏，激起了所属部落首领的反对，丧失了人心。

而铁木真对部众多施仁义，关怀笼络，故归心于铁木真。于是术赤台、畏答儿、晃豁坛、速勒都思等族人纷纷来附。此后，铁木真力量进一步壮大。

1196年，从属于金王朝的塔塔儿部叛金，金遣丞相完颜襄率军征讨。铁木真联合克烈部王罕，以为父亲报仇的名义，率军在斡里匝河上游击溃了塔塔儿部，使塔塔儿部从此一蹶不振。战后，金朝授铁木真糺军统领之职，使他可以用金朝属官名义号令蒙古部众。

1202年，铁木真与王罕联军又在阔亦田击败了札木合同乃蛮、泰赤乌、塔塔儿、蔑儿乞等联军，取得了阔亦田之战的胜利。

阔亦田之战是铁木真与札木合集团的最后一次决战，也是争夺蒙古部领导权的最后一战。至此，铁木真成为蒙古部的唯一首领。少数不服从他的人无法立足，只好带着一部分部属，投奔克烈部首领王罕。

阔亦田之战后，铁木真接着招降了呼伦贝尔一带的弘吉剌惕等部。至此，西起斡难河上流，东至大兴安岭以西的蒙古高原，都被铁木真控制了。

成吉思汗壁画

1203年春，铁木真发动了合兰真沙陀、折折运都山之战。合兰真沙陀在今内蒙古东乌珠穆沁旗北境，折折运都山在今克鲁伦河上游之南。这是铁木真与克烈部王罕的战略决战。

■ 蒙古袍

克烈部是蒙古高原上最强盛的一个部落集团，该部落首领脱斡邻勒汗，因入金纳贡和助金作战有功，被金朝册封为王，故蒙古人称之为王罕。铁木真被推选为蒙古乞颜氏首领后，一直依附于强大的克烈部，尊王罕为父，凭借其力量保护自己，同时征战四方。

铁木真曾经意欲联合王罕消灭乃蛮部。王罕见铁木真势力不断地壮大，危及自己在蒙古高原的霸主地位，便开始招纳蒙古部的叛逃者，利用他们来扩充自己的势力。

铁木真为了争取王罕力量，进而瓦解其势力，采用离间与联婚的策略。王罕伪许婚姻，邀请铁木真吃许亲酒，欲乘机杀死铁木真。因阴谋泄露，诱杀未成，立即发兵进击。

铁木真仓促迎战，双方交战于合兰真沙陀，铁木真仅以3000兵马，迎击数倍的王罕军，苦战一日，击退王罕军的进攻后，乘夜移师至合勒合河畔，分军沿河而下，到今贝尔湖之东的董哥泽，始脱险境。王罕也引军西归。

战后，追随王罕的蒙古贵族，阴谋袭击王罕，

王罕 又名王汗，《元史》作汪罕，其名字叫脱里或脱斡邻。是克烈末代首领，因受金国册封为王，故称王罕。他因铁木真的势力迅速扩大而感到不安，派遣其子桑昆进攻其部落。后被铁木真彻底击败，死于乃蛮人之手。

114

天下一统

历代统一与行动韬略

自立为王。王罕获悉起兵攻之，答里台等逃归铁木真，札木合等奔乃蛮。

铁木真失利后，休养士马，纠集部众，派使者责问王罕，并行离间之策，稳住对方，争取时间，欲图再战。待力量得到恢复后，遂移驻斡难河西岸的三河源头，整军备战。

不久，铁木真探知王罕毫无戒备，他一面令其胞弟拙赤合撒儿前去诈降，一面移军客鲁涟河上游，秘密袭击王罕。经过三天三夜激战，破其隘口，围王罕大营，全歼王罕军。王罕父子二人西逃后，亦被乃蛮哈剌鲁汗所杀。至此，克烈部灭亡。

此战在我国战争史上占有重要地位，战争中双方所采用的远程偷袭战术，最能发挥骑兵快速、机动、灵活、速决的特长。

王罕的偷袭使铁木真丧失两翼军，因军情泄露免遭全歼。可是，铁木真有充分准备的远程突袭，则使王罕全军覆没。

在合兰真沙陀之战中，王罕所采用鱼鳞阵进攻的战术和铁木真占据有利地形，趁敌立足未稳，主动进攻的攻势防御战术，在统一各部

蒙古战马木雕

■ 蒙古射手

太阳汗 乃蛮部
建立的乃蛮汗国
的国王，为人骄
纵狂恣。在蒙古
人兴起以前，乃
蛮部已很强大，
已建立起国家机
构，并拥有精
良、庞大的军
队，经常同克烈
部发生战争。在
铁木真时期，经
过纳忽崖之战，
貌似强大的乃蛮
部被彻底消灭，
太阳汗战死，大
部分乃蛮人跟随
其子屈出律西迁
至今哈萨克斯坦
东部。

战争中都是破例的，对后来骑兵战术的发展有其深远
的影响。

1204年春，铁木真发动纳忽昏山、不黑都儿麻之
战。纳忽昏山即今巴颜乌拉山，不黑都儿麻即今哈萨
克额尔齐斯河支流布赫塔尔马河。这是铁木真与乃蛮
部太阳汗的战略决战。

在当时，铁木真正在野外狩猎，得知太阳汗准备
进袭的情报后，立即召集诸将商议。铁木真采纳弟弟
别勒古台主动进击的计策，并把军马集中在合勒河
畔，进驻客勒贴该合答，并对军队进行整顿。

整军于4月结束后，马上祭旗出发。铁木真率大
军到达萨里川之后，为使乃蛮太阳汗产生错觉，以便
延缓其进攻时间，恢复蒙古远征军的疲劳，不但用瘦
马骄敌之计，而且采用增火惊敌之计，白昼多设疑
兵，夜令每人各烧火5处，以示蒙古兵众势强。

乃蛮前哨见蒙古军已满集于地区。萨里川之野，且似日增无已，其火多于星辰。太阳汗闻报后准备后撤，诱蒙古军到阿勒台山南麓，再行决战。由于大将豁里速别赤的坚决反对，勉强率军进至纳忽昏山东麓的察乞儿马兀特。

铁木真得知情报，立即向乃蛮军发起进攻。双方鏖战于纳忽昏山峡谷。救援太阳汗大本营的乃蛮军被铁木真军迂回分割，分别在各山头被歼。太阳汗看到援救无望，便乘夜率军突围，因通路被蒙古军封锁，只好攀登山涧陡崖，人马多半失足坠落山涧陡崖，死伤甚众。太阳汗在突围过程中受箭伤而死。

太阳汗之子屈出律和一部蒙古叛逃者脱黑脱哈等率残部奔乃蛮北部的不欲鲁汗，企图重整旗鼓，共同设防。铁木真乘胜分南北两路追击，他引西路军追

屈出律 乃蛮部太阳汗子。1208年到西辽投靠古儿汗，趁古儿汗出征在后方发动了叛乱，联合花剌子模推翻古儿汗，夺取西辽政权。1218年，成吉思汗命哲别进攻西辽。屈出律逃至巴达哈伤后，被当地伊斯兰教徒抓捕送给哲别，处死。

■ 蒙古包内牧民的生活

至阿勒台山征服太阳汗所属部众后，继续北追古出鲁克，进至不黑都儿麻源头，设哨对峙。铁木真大军因冬季作战不便，在汗呼赫岭以南过冬。

1205年春，冬雪融尽之后，铁木真率大军越过汗呼赫岭向乃蛮北部军进攻。此次作战中，乃蛮北部首领不欲鲁汗等被杀死。蒙古军追击乃蛮军至额儿的失河全歼溃军，只有屈出律渡过河，后逃亡西辽国。强大的乃蛮部灭亡。至此，铁木真统一蒙古的大业完成。

此战是统一蒙古诸部战争的规模最大的一次作战。铁木真以4万人的劣势兵力，战胜太阳汗8万之众的优势兵力，是中国战争史上著名的以少胜多的围歼战。

铁木真在这次作战中，总结了以往的作战经验，改革了军制，提出了"凿穿战"的三原则和"攻心为上""穷寇必灭"的作战指导思想，为其独特的战略战术思想的形成打下了良好的基础，在中国战争史上占有重要地位。

1206年春天，蒙古贵族们在斡难河源头举行"忽里勒台"，也就

蒙古骑兵雕塑

是大聚会，诸王和群臣为铁木真上尊号成吉思汗，正式登基成为大蒙古国皇帝，这是蒙古帝国的开始。

草原上的猎鹰人

成吉思汗之所以能够统一蒙古各部，是因为他在战略上藐视一切敌人，注重分清敌友，力避树敌过多；并重视掌握敌情，以做到知己知彼，百战不殆；同时强调集中优势兵力，各个歼灭敌人；在战术上机动灵活，惯于实施远程奇袭，速战速决，或者佯退诱歼，在运动战中歼灭敌军；这一时期创建的鱼鳞战术，成为战争指挥艺术的优秀遗产。成吉思汗的卓越军事才能，还表现在蒙古各部统一战争中的军事组织能力，统御天才，知人善任，恩威并济。

成吉思汗统一蒙古各部，在我国历史上具有重要意义。它使蒙古帝国在政治、经济和文化等多方面都得到了空前的发展，还为后来忽必烈建立大元王朝打下了坚实的基础。

阅读链接

铁木真小时候，常与4个弟弟吵架怄气。有一次，为了争夺一头死鹿，他和几个弟弟几乎动起手来。

铁木真的母亲诃额仑是个深谋远虑的女人，他发现几个儿子老是不团结，心中非常不安。

这天，她把5个儿子叫到身边，从箭囊里取出5支箭，用一根皮绳捆在一起，让孩子们分别试着折断。大家试了试都折不断。诃额仑又分给每人1支箭。结果很容易就折断了。

铁木真一下子明白了其中的道理，并深受感动。从此，铁木真与兄弟们相处得非常和睦。

蒙元帝国对南宋的战争

蒙元帝国对南宋发动的战争，以忽必烈建元为界，之前叫蒙宋战争，之后则称为元宋战争。这场战争分为3个时期，分别为窝阔台南征、蒙哥南征和忽必烈南征。

■ 忽必烈像

这是一场耗时近半个世纪的持久战。忽必烈通过这场波澜壮阔的统一战争，结束了唐末以来多年的分裂局面，成为了入主中原的第一位少数民族帝王。他结束了中华民族的分裂局面，重新统一了全国。另外，他建立的行省制度影响十分深远，并沿用至今。

窝阔台继承蒙古国汗位后，联合南宋灭金，成为北方统治者，形成了蒙宋对峙形势。1234年，南宋乘蒙古军自河南撤兵河北之机，遣军收复原宋西京、东京、南京，但被蒙古军击败。

窝阔台便与诸王议定，在西征钦察、斡罗思，东征高丽的同时，集中部分兵力，南下攻宋。由此开始，揭开了对南宋战争的序幕。

蒙古联宋灭金后，南宋仍沿袭御金部署，实施对蒙古防御。在四川战区部署4支御前诸军，在荆湖战区沿边一线分点屯兵，在两淮战区屯兵于诸军事重镇。窝阔台针对南宋防御部署，采取削弱南宋实力、迫其臣服的方略，分遣两路大军，实施连续进攻。

1235年，窝阔台命皇子阔端、将领达海绀卜等率西路军攻蜀；命另一个皇子阔出、宗王口温不花等率东路军攻荆襄。

窝阔台的东路军破唐州、枣阳，西掠襄阳、郢州、邓州后北归。时隔不久，他的西路军攻占沔州，前出至大安军，被南宋御前诸军都统制曹友闻击退。

不久，窝阔台再发东路军攻荆襄，占襄阳，破郢州、荆门。后来东路军主帅阔出病死，忒木台率军进逼江陵，被宋军孟珙击退。窝阔台的西路军分兵两路入川，避开仙人关要隘，迂回至阳平关，全歼曹友闻

■ 窝阔台雕塑

窝阔台 元太祖成吉思汗的第三子。蒙古帝国可汗，史称"窝阔台汗"。元世祖忽必烈追尊窝阔台庙号为太宗，谥号"英文皇帝"。他继续父亲的遗志扩张领土，南下灭金朝，派拔都远征欧洲，在位期间成功地征服了中亚、华北和东欧等大片领土。

■ 蒙古士兵画像

军。西路军攻占成都后，主力则退回陕西。

此后，东路军因进攻荆襄受挫，遂将主攻方向转向两淮，先后于安丰军，庐州被宋将杜杲击败。

南宋京西湖北路制置使兼知鄂州孟珙遣军收复襄阳、信阳、光化等城。遂以江陵府为基地，大兴屯田，训练军伍，经理荆襄，策应四川，使荆湖战场出现转机。

窝阔台的西路军统帅阔端，派遣达海绀卜率军入蜀，攻掠成都、潼川两路及重庆周围州县。汪世显部越渠江而东，破万州，克夔州，企图出三峡入两湖，至归州大垭寨，遭南宋将领孟珙截击败退。孟珙乘势收复夔州。

1241年，蒙古军再度入蜀，再破成都。就在这时，窝阔台患病去世，蒙古军留部分兵力屯驻要地，主力北归，对宋战争暂告一段落。

南宋在同蒙古军作战中，逐渐形成守长江上游以固下游，守汉淮以蔽长江的防御方针，加强了四川、荆湖、江淮3个战区的设防。

四川战区，余玠采取守点控面的防御措施，建立了以重庆为中心，以堡寨控扼江河、要隘的梯次防御体系。

荆湖战区，宋安抚制置大使孟珙招兵置军，大兴屯田；为阻止蒙古军过夔门沿江东进，同样实施了梯

孟珙 字璞玉，原籍绛州，今山西新绛，曾祖孟安是岳飞部将。南宋优秀的军事家、统帅，抗金抗蒙名将。曾以一人之力统御南宋三分之二战线上的战事，由于其在抵抗蒙古军的杰出表现，被后世军史家称之"机动防御大师"。

次防御措施。

江淮战区，在军事重镇和要点加筑城寨，增兵守备，并于城寨百里以内，三里一沟，五里一渠，遏制蒙古骑兵长驱奔袭。同时还造轻捷战船，以水、步混编组成游击军，屯戍长江，拟随时应援。

窝阔台病逝后，蒙哥继汗位。蒙哥针对南宋防御部署，命四川、河南、山东诸军开辟屯田，与南宋军争夺城镇与堡寨。又鉴于水军缺少，难以越过长江天险，遂采取战略大迂回，从翼侧及侧后攻宋。

1253年，蒙哥命其弟忽必烈率军征大理。忽必烈分兵三路南进，自率中路经满陀城，再渡大渡河，取古清溪道南下，穿行山谷2000多里，三路会师后全歼大理宋军主力，占领大理城。随即忽必烈北归，留兀良台等继平大理诸部。

蒙哥以对南宋的侧后包围完成后，乃由两翼进攻。命右翼的兀良合台自云南，帖哥火鲁赤、带答儿自利州、兴元，南北对进攻四川；命左翼的宗王塔察儿、驸马帖里垓攻南宋两淮。

右翼的兀良合台、帖哥火鲁赤等会师于合州附近后，各按原路返回。左翼塔察儿军至山东，因其军纪不

■ 蒙古骑兵铜像

严被蒙哥召回。

1258年，蒙哥准备亲率大军攻宋。他命兀良合台自大理经广西北上策应；命忽必烈南攻鄂州；自率主力攻四川，企图东出夔门，浮江而下，待三路会师鄂州后，合兵攻临安。

蒙哥率军4万人由陇州经大散关南进。达到利州后，先后克降苦竹隘、大获、青居、大良平等城。先期入蜀的蒙古军，由纽璘率战船200艘沿江东进，占领涪州，造浮桥以阻宋军援蜀，又于铜锣峡据险为垒，阻扼重庆宋军北进。

蒙哥率军围攻东川防御要点合州时，南宋守将王坚依托险峻地形和坚固壁垒，固守力战。蒙古军连攻5个月不克。后蒙哥亲临现场督战中炮，卒于军中，进攻四川的蒙古军撤军北归。

■ 蒙古骑兵

■ 骑兵冲锋队列雕像

正在率军进至长江边的忽必烈，虽得蒙哥死讯，仍令诸军自阳逻堡渡江，围攻南宋要地鄂州；并派兵接应兀良合台军北上。忽必烈督军攻城两月未克，后得知阿里不哥准备在漠北称汗，决定北归争夺汗位，遂扬言攻临安，以迷惑南宋军。

南宋军统帅贾似道在各路援军集结鄂州附近，又得知蒙哥死讯的情况下，不乘机反击，却擅自遣使以划江为界，且岁奉银和绢各20万为条件向蒙古军乞和。忽必烈趁此允和，撤军北归。

贾似道隐瞒乞和真相，谎报战功，竟被擢为右丞相。他唯恐阴谋败露，极力打击陷害作战有功将领。宋度宗赵禥继位后，贾似道专权，军政愈加腐败，民力益竭，将士离心，战备松弛。

在此期间，忽必烈成功继承汗位，并平定内乱。随即便着手整顿军队，督造战船，组训水军，进行灭

宋度宗 赵禥，南宋第六位皇帝，宋太祖十一世孙。初名孟启，又名孜、长源。荣王赵与芮之子，宋理宗没有儿子，收其为养子。继位后改年号为咸淳。宋度宗在位10年，死后葬于永绍陵，谥号为"端文明武景孝皇帝"。度宗即位后，孱弱无能，至使朝政昏暗，民不聊生，使宋朝处于灭亡的前夜。

■ 文天祥 字履善，又字宋瑞，自号文山，浮休道人。南宋末期吉州庐陵，今江西吉安县人，南宋末大臣，文学家，民族英雄。他坚持抗元。1279年被俘，被俘期间，元世祖以高官厚禄劝降，文天祥宁死不屈，与陆秀夫、张世杰被称为"宋末三杰"。他在狱中坚持斗争了3年多。后来在柴市从容就义。著有《过零丁洋》《指南录》等。他的爱国精神，激励了一代又一代人。

宋准备。他制定了先取襄樊，实施中间突破，浮汉入江，直趋临安的方略。

经过充分准备，1268年，忽必烈命都元帅阿术、刘整率师包围襄樊，后以枢密副使史天泽主掌军务。鉴于襄阳、樊城城池坚深、军储充足，史天泽决定长围久困，待机而破，并完成了对襄樊的包围。

此后，蒙古军多次击退南宋援兵。襄阳守将吕文焕曾多次出击未能打破被围局面，襄阳、樊城孤立无援。

1271年，忽必烈将蒙古改国号为"大元"，同时令军队加紧攻城。元军水陆夹攻，配以威力较大的回回炮，破樊城。吕文焕以襄阳城降。

元军破襄樊，忽必烈令征兵10万，增加攻宋兵力，决定乘胜直捣南宋腹地。他命驻蜀元军进攻南宋各要地，以阻南宋东援；命淮西行枢密院使合丹、刘整攻淮西，淮东都元帅博罗欢等攻淮东，牵制两淮南宋军；以荆湖行省左丞相伯颜、平章政事阿术等率领主力，自襄阳顺汉水入长江，直趋临安。忽必烈还告诫伯颜，不要妄杀，以争取人心。

元军伯颜率水、步军进至郢州，绕过南宋将领张世杰的阻截，顺汉水趋汉口，以声东击西之计，袭占沙芜口，屯军江边。又以捣虚之计，突破宋军防线，占领鄂州。随即命降将吕文焕为先锋，战抚兼施，顺江东进，宋沿江州府纷纷归降。

1275年，伯颜率军于丁家洲大败南宋军精锐，继而攻占建康、镇江等重镇，逼近临安。

这时，张世杰、文天祥等奉诏率兵入卫临安。南宋朝廷命文天祥扼守平江，屏蔽临安；命张世杰率军向镇江方向反击元军。张世杰率舟师于焦山江面列阵，欲与元军决战，但遭元军火攻，一时溃不成军。

忽必烈命伯颜乘势率主力攻取临安。为分宋军兵势，牵制各地宋军入援临安，他令阿术率军攻扬州；令阿里海牙攻湖南；令宋都带等攻江西。与此同时，伯颜分军三路向临安进发。

元宋大军对阵于皋亭山时，南宋朝廷拒绝张世杰、文天祥提出的背城一战以图求存的建策，一面送益王赵昰、广王赵昺南逃，一面遣使向元军请降。不

■ 古代战争场景

蒙古骑兵仪仗队演示

久，宋恭帝赵㬎率百官于临安降元。淮西制置使夏贵见皇帝投降，也以淮西降元。

1276年，右丞相文天祥、制置副使张世杰、礼部侍郎陆秀夫在福州拥立益王赵昰为帝，出兵闽北失败，流亡海上。此时的江西、湖南和淮东，皆已被元军占领。

1277年，文天祥率军反攻江西，各地义军纷起响应，所至大捷，后因势孤力单，败退广东。第二年，赵昰病死，8岁的赵昺继位，徙至今广东新会之南的厓山。1279年，在厓山海战中，陆秀夫背着8岁的小皇帝赵昺跳海而死，南宋亡。

宋元战争持续40多年，忽必烈总结前两次攻宋的经验教训，适时改变主攻方向和发展水军，采取牵制两翼、集中兵力中间突破、浮汉入江、直捣临安的方略，缩短了战线，割裂了南宋的东西联系。同时，实行招降安抚之策，形成政治、军事优势，实现统一。

阅读链接

忽必烈是成吉思汗之孙。其兄蒙哥在1259年去世，次年其弟阿里不哥在哈拉和林被选作蒙古帝国大汗，而忽必烈则在中原开平自立为大汗。

于是阿里不哥与忽必烈开始争夺汗位。虽然忽必烈在这场斗争中获胜，但西方的四大汗国则因他违背大汗选举传统以及他的"行汉法"主张而纷纷与他断绝了来往，脱离了他的统治范围。

1271年，忽必烈改国号为大元，正式即位皇帝。

安邦定国

明清两代是我国历史上的近世时期。这一时期，巩固统一、反对分裂作为我国历代战争的主流，有了更加鲜明的特点。

明朝在北疆的8次北征就是证明，而在东南沿海的用兵则是为了巩固统一。如郑成功收复台湾之战就属于这类性质。

清朝在建国之前，努尔哈赤统一女真并建立后金政权，可以看作是满族入主中原的前奏。如果说实现一统是我国历代战争的主流，那么近世时期的几场战争基本都实现了这一目标。

明统一战争南北并举之策

明统一战争，是明太祖朱元璋为统一全国，遣军推翻元朝，消灭各地割据政权及元朝残余势力的一系列作战。

明太祖从建立明王朝到纳哈出归降，历经22年的南征北伐，终于结束了元朝的民族等级制度，完成了统一全国的大业，为明代政治制度的加强和经济建设的发展奠定了坚实基础。

明朝是我国历史上承元朝、下启清朝的朝代，也是我国历史上最后一个由汉族建立的统一王朝，并被史家认为是我国传统文化复兴的关建，为汉文化的继续发展起到了承前启后的作用。

■ 明太祖朱元璋

明代将军石像

元末爆发了以红巾军为主的农民起义，首领朱元璋相继攻灭了江南汉帝陈友谅、吴王张士诚政权。

1368年，朱元璋在应天即帝位，国号大明，是为明太祖，建元洪武。明太祖审时度势，决定北定中原与南略沿海并举，发动统一战争，以彻底夺取全国统治权。

元朝灭亡时，元顺帝脱欢帖木儿北走上都，仍用元国号，史称"北元"。为了消灭元朝残余势力，统一漠北，明太祖先后8次发动进攻北元战役。

1370年，明太祖开始了第一次北征沙漠。

对于此次北征沙漠的战略方针，明太祖根据元主滞留塞外的和林，扩廓帖木儿驻兵定西，不断南犯的情况，决定兵分二路：一令大将军徐达自潼关出西安捣定西，以取扩廓帖木儿；一令左副将军李文忠出居

朱元璋 字国瑞，原名朱重八，后取名兴宗。濠州钟离人。明朝开国皇帝，谥号"开天行道肇纪立极大圣至神仁文义武俊德成功高皇帝"，庙号太祖。他建立了明朝，结束了元朝民族等级制度，努力恢复生产，整治贪官，其在位时期被后人称之为"洪武之治"。

庸关入沙漠以追元主，使其彼此自救，不暇应援。并命大同指挥金朝兴、大同都督同知汪兴祖等先期进攻山西、河北北部的元军，以吸引元军注意力，策应主力作战。

2月，金朝兴攻克东胜州。之后，汪兴祖攻克武州、朔州，徐达率师进抵定西。4月大败元军于沈儿峪，扩廓帖木儿逃往和林。5月，徐达分遣邓愈招谕吐蕃，自率大军南向攻克略阳、沔州、兴元，随即回军西安。

李文忠部出居庸关以后，于5月初，经野狐岭连败元太尉蛮子、平章沙不丁朵耳只八刺于白海骆驼山，再败元平章上都罕于开平。进逼应昌，大败元军，缴获甚众。李文忠在回师途中还攻克兴州。

10月初，明太祖命徐达、李文忠等班师回朝。

明军首次北征，两路皆获大胜，元朝在近塞的残余势力遭到沉重打击。

1372年1月至11月，明太祖对北元进行第二次大规模作战。

明太祖命徐达为征虏大将军、曹国公李文忠为左副将军、宋国公冯胜为右副将军，各率兵5万人，分三路出征。

此次作战方针是，以徐达为中路，出雁门关趋和林，扬言急趋和林，实则缓慢进军，诱元军出战而歼灭之；李文忠为东路，出居庸关经应昌趋和林，出其不意，攻其不备；冯胜为西路，出金兰趋甘肃，以疑元军，使其不知所向。这一战略部署，以中路为正，东、西两路为奇，奇正并用，三路合击。

中路军于2月进至山西境内，徐达以都督佥事蓝玉为先锋，先出雁门关，败扩廓帖木儿游骑于野马川。3月，蓝玉又败扩廓帖木儿于土剌河，扩廓逃去，与元将贺宗哲联合，在岭北一线抵御明军。

5月，徐达兵至岭北，轻敌冒进，骤然交战，被元军击败，被迫敛军守塞。7月，偏将军汤和在断头山败绩，指挥同知章存道战死。

西路军进至兰州以后，颍川侯傅友德率骁骑5000人败元将失剌罕于西凉。进至永昌，再败元太尉朵儿只巴于忽剌罕口，获辎重牛马甚众。然后与冯胜主力会师，败元兵于扫林山，擒其太尉锁纳儿加、平章管著等人，军威大振。

6月初，逼降元将上都驴，获吏民830余户。明军抵亦集乃路，故元守将伯颜帖木儿举城降，继败元军于别笃山口，元岐王朵儿只班遁去。傅友德率兵追至瓜州、沙州，又败元军。

东路军于6月抵达口温，元

傅友德 宿州，今属安徽人，迁居砀山。明朝开国名将。元末参加刘福通军，随李喜喜入蜀。旋率部归朱元璋，从偏裨升为大将屡建功勋。朱元璋作《平西蜀文》，盛赞傅友德功勋第一。以功封为颍国公，封太子太师，后坐事赐死。追封丽江王，谥号"武靖"。

■ 明代将士画像

冯胜 我国明朝开国名将，初名国胜，又名宗异，冯国用弟，定远人，喜读书，通兵法，元末结寨自保。1387年，以冯胜为大将军，与傅友德、蓝玉等率兵20万远征辽东，降伏纳哈出，肃清元朝在辽东的势力。因累积军功而受封宋国公，"诏列勋臣望重者八人，胜居第三"，功高遭太祖猜忌，赐死。

军闻讯而遁，获牛马辎重无算，经哈剌莽来至胪朐河。李文忠留部将韩政守辎重，亲率大军轻装急进，在土剌河、阿鲁浑河一带与元将蛮子哈剌章激战数日，元军败退。

李文忠率师追至称海，元兵复集拒战，李文忠见元军气势甚锐，乃敛兵据险自固并张疑兵，元军惧有伏兵，不敢逼近，遂引军而去。李文忠班师而还。10月西路军冯胜班军回京。

11月，因塞外苦寒，一时难以作战，明太祖遂令中路军徐达、东路军李文忠班师。

明军二次北征，主力中路军战败，东路军得失相当，仅西路军获胜，明军主要是轻敌冒进造成失败。

1380年，明太祖对塞外北元进行第三次进攻作战。2月，北元国公脱火赤、枢密知院爱足率众万余人屯于和林。明太祖命西平侯沐英率陕西之军进讨。3月，沐英师至灵州，获悉脱火赤兵亦集乃路，遂率

■ 明代将军蜡像

师渡黄河，经宁夏，过贺兰山，涉流沙，历时7昼夜，突至其境。

在距其营50里处，分兵四路，袭其背，掩其左、右，沐英亲率骁骑当其前。各路乘夜衔枚而进，实施合围。脱火赤、爱足等惊骇不知所措，皆俯首就擒，明军尽获其众而归。

1381年，明太祖对塞外北元进行第四次进攻作战。1月，北元平章乃儿不花等进犯明边。明太祖命魏国公徐达为征虏大将军，信国公汤和为左副将军，颍川侯傅友德为右副将军率军北征。

关于此次北征的战略战术，明太祖作了指示：首先派侦察部队出塞，刺探军事情报，若有埋伏，则诱其深入，待其困疲而反击之；若无埋伏，即以精兵直捣其营。

4月，徐达率诸将出塞，兵分东西两路，相互策应。东路以傅友德为前锋，夜袭灰山，败北元军，获其部落人畜甚众。行至北黄河，北元军惊惧而遁，明军追擒其平章别里不花、太史文通等。

西路军在沐英率领下，出古北口，直捣高州、嵩州、全宁诸部，渡胪朐河，获其知院李宣及其部众。至8月底，北征部队班师回京。

1387年1月至6月，明太祖对塞外北元进行第五次进攻作战。

1月，明太祖命宋国公冯胜为征虏大将军，颍国公傅友德、永昌侯蓝玉为左右副将军，南雄侯赵庸、定远侯王弼为左参将，东川侯胡海、武定侯郭英为右参将，前军都督商暠参赞军事，率师20万人北征

■ 明代的炮兵

纳哈出 扎刺儿
氏，蒙古族，元
末大将，元太平
路万户。元亡，
拥兵据辽阳金
山，明太祖屡诏
不从，数侵扰辽
东。洪武二十年
就是1387年，明
将冯胜、傅友
德、蓝玉等率师
攻辽阳，他出
降，明封为海西
侯，赐铁券丹
书。次年病死于
武昌。

北元太尉纳哈出。

2月，冯胜率兵抵达通州，侦知纳哈出分兵屯守庆州，遂遣蓝玉率轻骑趁天下大雪出兵，杀其平章果来，擒其子不兰奚，获人马而还。3月，冯胜等率师出松亭关，筑大宁、宽河、会州、富峪四城，驻兵大宁。5月，冯胜留兵5万人驻守大宁，率大军直捣金山。6月，进至辽河之东，获其屯兵进驻金山之西。

这时，乃刺吾亦到达松花河，力劝纳哈出投降。纳哈出心怀二志，犹豫不决，先后多次派使臣赴明军驻地，以献降为名，观明军虚实。在明军大军压境，步步进逼的情况下，纳哈出被迫投降。最后肃清了元朝在辽东的势力。

1387年至1388年，明太祖对塞外北元进行第六次进攻作战。

1387年，明太祖为肃清沙漠北元势力，命永昌侯蓝玉为征虏大将军，延安侯唐胜宗、武定侯郭英为左右副将军，都督金事耿忠、孙恪为左右参将，率军15万人北征。11月，蓝玉获悉北元丞相哈剌章、乃儿不花等逃入和林，遂由大宁发兵进讨。

1388年3月，师至庆州，闻元主脱古思帖木儿屯驻捕鱼儿海，间道兼程而进。4月，进至捕鱼儿海南岸，侦知脱古思帖木儿营在捕鱼儿海东北80余里，蓝玉遂以王弼为前锋，率精骑直捣其营。

元主毫无准备，正欲北行，忽闻明大军至，其太尉仓促率众拒战，被明军击败投降。脱古思帖木儿与其太子天保奴、知院捏怯来、丞相失烈门等数十骑遁去。蓝玉率精骑追击千余里，不及而还，俘获众多人等及物资，遂奏捷班师。

1390年1月至3月，明太祖对塞外北元进行第七次

近世时期

安邦定国

蓝玉 明朝开国名将，常遇春妻弟，定远人，今属安徽。有谋略，勇敢善战，屡立战功，官拜大将军，封凉国公。于捕鱼儿海中大破北元，基本摧毁其职官体系而名震天下。他恃功骄纵，又多蓄庄奴、义子，恣意横暴，夺占民田，触怒太祖，1393年，以谋反罪被杀。

■ 明代士兵铜像

进攻作战。

1月，明太祖命晋王朱㭎、燕王朱棣分兵两路，各率师北征。并以颖国公傅友德为征虏前将军，南雄侯赵庸、怀远侯曹兴为左右副将军，定远侯王弼、全宁侯孙恪为左右参将，督兵从征。敕王弼率山西兵听晋王节制，其余均听燕王朱棣节制。

3月，燕王率军出长城古北口，侦知乃儿不花等屯驻迤都，遂趁大雪直捣其营，攻其不备。30日，师抵迤都，先派与乃儿不花有旧的观童入营求见，大军进围其营，乃儿不花等被迫投降，悉收其部落人马而还。晋王率军出塞，不见北元人马而还。

1396年，明太祖对塞外北元进行第八次作战。

3月，明太祖获悉大宁卫北有北元踪迹，遂命燕王朱棣选精卒自北平抵大宁，沿河南北侦察元兵所在，相机进击。

朱棣兵至彻彻儿山，遇元兵，大败之，擒其将索林帖木儿等数十人。追至兀良哈秃城，遇故元哈刺兀，又大败之，凯旋。

在明太祖及时有力地打击之下，北元部众奔散，北元政权灭亡，

■ 明代士兵战斗图

明太祖统一了漠北，明朝统治得到巩固。

解决了北元问题，明太祖全力征战福建两广，想统一南方。其实此项战略在北伐时已开始实施。

明太祖命汤和与副将军廖永忠在灭方国珍势力后，出奇兵克福州，于1368年破延平，控制了当时的福建行省平章陈友定；胡廷瑞克建宁、兴化，招降汀州及泉州以南州县；浙江行省平章李文忠率部入闽，歼金子隆等部，占福建。

接着，明太祖命廖永忠为征南将军，朱亮祖为副将军，由福建海道入广东，与先遣由湖南征广西的杨璟及江西赣州卫指挥使陆仲亨部互为犄角，进军两广。

杨璟攻克全州、武冈等地。廖永忠率部抵广州，当时的广东行省左丞何真势穷出降。诸路明军入广西，相继攻取未下州县。

明太祖趁南征北伐胜利之际，遣使赴蜀招降割据的夏政权首领明昇，遭拒绝后，决计用兵。明太祖命汤和为征西将军，周德兴、廖永忠为副，率舟师溯长江而上；傅友

奇正战法 "奇正"是古代军事术语。奇正战法，就是以变幻莫测的手段实施攻击为"奇"；采用常规战法为"正"。在兵力使用上，守备钳制为正，机动突击为奇；在作战方法上，正面进攻为正，迂回侧击为奇；在战略上，堂堂正正的为正兵，突然袭击的为奇兵。

德为征虏前将军，顾时为副，率步骑从陕西南下，两路明军水陆并进攻夏。

汤和部进攻瞿塘受挫。傅友德部声言出金牛道，暗率5000精兵出陈仓，攻克夏军的阶州，开辟入川通道，随即克汉州。汤和克夔州，抵重庆，明昇势穷出降，夏亡。傅友德围成都，夏丞相戴寿以城降。

自1372年起，明太祖多次遣使赴云南招降元梁王把匝剌瓦尔密，均遭杀害。遂于1381年命傅友德为征南将军，蓝玉、沐英为副将军，率步骑兵30万征讨。

明军至湖广境，兵分两路：由都督郭英领兵5万人为北路，南趋乌撒，以作牵制；由傅友德率主力为东路，克普定，直趋云南。

开战后，明军用奇正战法，败元司徒平章达里麻部10万，俘达里麻以下2万余人，攻占云南东部门户曲靖。随即由蓝玉、沐英率部进占昆明，元梁王出逃

■ 明代士兵的武器

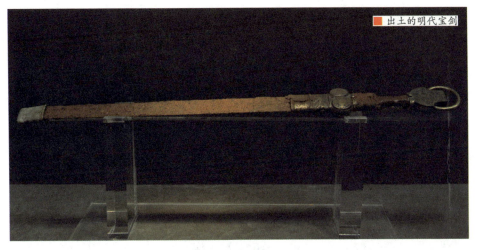

自杀。傅友德北上与郭英会师，大败元右丞实卜，克七星关，招降附近各州县。

1382年，蓝玉、沐英攻占大理，俘首领段明弟段世，分兵取云南全境。随后明军分道进兵乌撒，又平东川、建昌、芒部等。大军第二年班师回朝，留沐英镇守云南。

明太祖趁元末元朝势力削弱，其他作战对象各据一方、互不应援等情况，审时度势，运筹帷幄，恰当任用将帅，攻抚兼施，南北兼顾，各个击破，统一全国大部分地区，显示了卓越的用兵才能和驾驭战争的能力。

阅读链接

朱元璋是我国历史上的政治家和军事家，也是明朝的第一位皇帝。有人说朱元璋在参加红巾军以前是一个不务正业的人。其实，朱元璋无非是元朝末年黑暗统治时期的一个清苦的农民而已。

朱元璋年轻时就失去了父母亲，由于吃不上饭，他还曾经做过和尚。朱元璋当时深感元朝统治者的残暴统治，于是，他投奔郭子兴，参加了农民起义军。

朱元璋最终建立了大明王朝并统一了全国。

郑成功收复台湾之战

郑成功是明末清初的著名军事家和民族英雄。他收复台湾之战，是中华民族反对外来侵略的伟大胜利，使台湾从此回到了祖国的怀抱。

这场战争驱逐了荷兰殖民者，收复了沦陷了38年的宝岛台湾，捍卫了我国的主权和领土完整，具有极其重大的历史意义。

■ 郑成功 名森，字明俨，幼名福松，因蒙隆武帝赐明朝国姓朱，并赐名成功，世称"国姓爷"，又因蒙永历帝封延平王，称"郑延平"。我国17世纪明末抗清名将、军事家和民族英雄。1661年率军收复台湾，台湾重新回到祖国的怀抱。郑成功收复台湾后，为中华民族立下了不朽的功绩，为世代传颂。

台湾是我国领土，位于我国东南的海中，在台湾海峡的另一侧，南接东山、海南、南海诸岛，北连马祖、大陈、舟山群岛，被称为七省之藩篱，东南之锁钥，战略位置极为重要。

早在东吴王时期，吴王孙权便派将军卫温、诸葛直，率甲士万余，航海到达台湾。元代在澎湖设巡检司，管理台湾与澎湖列岛。

17世纪上半叶，荷兰殖民主义者大规模侵掠亚洲，数度入侵台湾。郑成功便考虑收复台湾，准备渡海东征台湾。

■ 郑成功雕像

郑成功要收复台湾，需渡海作战，背水攻坚，为此进行了充分周密的准备。除通过各种侦察手段不断了解敌情和多方筹备粮饷外，他把准备的重点放在练兵造船上。为了提高渡海作战的能力，郑成功主要在以下3个方面进行了准备：

一是改编部队。郑成功对部队进行了改编整顿。编制采用五五制，重组作战主力部队。设总督五军戎政一员，总制五军。每军设提督一员，负责该军的征战事宜。另设总理监营一员、左右协理监营各一员，协助提督工作。水军是郑军中的骨干力量。

水军成员多系渔民出身，不畏风浪，作战英勇顽强，在其父郑芝龙手下时，就曾经屡败荷军水师于海上。郑成功正是依靠这样一支军队，取得了台湾登陆

孙权（182年—252年），字仲谋，吴郡富春，即今浙江富阳人，三国时代东吴的建立者。据传他是春秋时期兵法家孙武的第22代孙，是孙坚的第二个儿子。生来紫髯碧眼，目有精光，方颐大口。形貌奇伟异于常人。自幼文武双全，早年随父兄征战天下。善骑射，年轻时常乘马射虎，胆略超群。

■ 郑成功收复台湾

郑芝龙 号飞黄，小名一官，有"飞虹将军"的称号，福建泉州府人，明末清初最大的海商兼军事集团首领，先后归附明清两朝为官，为台湾郑氏王朝开创者郑成功的父亲。他少时英俊潇洒，性情逸荡，不喜读书，为人不拘一格。芝龙多才多艺，通闽南语、南京官话、日文、荷兰文等多种语言。

作战的胜利。

二是督造战船。郑成功按照作战任务和大中小相结合的原则，配套建造战船。计有大贡船、水船、犁缯船、沙船、鸟尾船、乌龙船、铳船、快哨8种。

战船上的武器配备是，大贡炮、灵贡、火贡，均为铜制，安装在船首；连环贡、百子炮在船的两舷中部，这些都是重武器。轻武器则有神机铳、千花铳、百子花钎铳、鸟枪、鹿铳、连珠火箭、喷筒、火罐、倭刀、云南大刀、不空归木棍等。

当地人民听说要收复台湾，也纷纷前来献船、献料、献工，赶造战船。只用了两个月时间，就修造战船300余艘，加上原有船只，基本上满足了渡海作战的需要。

三是加强训练。郑成功在厦门等地设置水操台、演武场和演武池，亲自督导操练，并制定和颁布了

"各镇合操法"和"水师水操法",令全军遵照执行。经过严格训练的水军将士能在惊涛骇浪中跳踯上下,矫捷如飞。有了这样一支战斗力强的水军,渡海登陆就有了胜利的保障。

郑成功基本完成战前准备工作后,遂从厦门移师金门。郑成功命其子郑经及部分将领留守厦门、金门,以防清军乘虚袭取;自率马信、周全斌、肖拱宸等进军台湾。

郑成功根据敌情、地形,提出如下作战方针:首先收复澎湖,以之为前进基地,然后乘涨潮之机,通过鹿耳门入港,实施登陆,切断台湾城和赤嵌楼两地荷军的联系,予以围歼,最后收复台湾全岛。

郑成功攻台作战主要经过穿越鹿耳门登陆禾寮港、水陆战台江迫降赤嵌楼、海战破荷舰攻台获全胜等阶段,最终击败荷兰殖民者,收复台湾。

1661年3月初,郑成功在金门举行了隆重的"祭江"誓师仪式,表达收复台湾的坚定决心。3月23日,郑成功率领第一梯队从金门料罗湾出航,领航的是澎湖游击洪喧。郑军船队浩浩荡荡,向澎湖进发,于次日清晨越过风浪险恶的黑水沟,驶抵

郑经 字贤之、元之,号式天,昵称"锦舍",延平郡王,郑成功长子。曾多次参与郑成功的战事。郑成功病逝后,郑经在陈永华的辅政下,抚土民,通商贩,兴学校,进人才,定制度,境内大治。

■ 郑成功油画

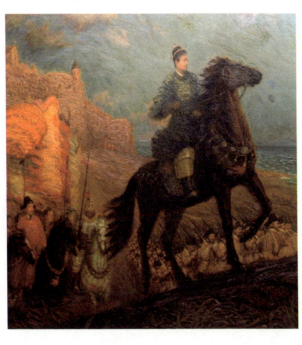

■ 郑家军使用过的火炮

澎湖。

郑军各部分别驻扎澎湖各岛，等待风顺时再向台湾开进。岛上的老百姓听说是郑成功收复台湾的军队，便带着鱼虾猪羊前来慰问，并自愿做先锋船的向导。

水军行至柑橘屿海面时，遭风雨所阻，被迫折回。在候风期间，郑成功视察各岛地形，最后当机立断，决定冒雨开船。3月30日晚，郑军渡过了海峡。

郑军船队抵达鹿耳门港外，他换乘小船，由鹿耳门登上北线尾，踏勘地形，派出能潜水的士兵进入台江，进行侦察。根据该地的潮汐情况，郑军决定从澎湖冒风浪出航，顺利地通过鹿耳门，进入台江。

荷军以为郑军会从南航道实施正面进攻，所以只在南航道岸上架设了大炮。郑军出其不意地从鹿耳门开进台江后，荷兰殖民者面对密布在江上的郑军战船惊慌失措，忙派夹板船阻击，并以赤嵌楼炮台发炮拦击。

郑军突破荷军的火力拦阻，只用了不到两个小时，就在禾寮港登陆，扎下营寨，准备从侧面进攻赤嵌楼。同时，在鹿耳门也登陆扎营，以防北线敌军进攻。

台湾的汉族和高山族人民见郑军到达，争先恐后地出来迎接，用货车和其他工具帮助他们登陆，正是由于台湾人民的大力支持，郑军得以顺利登陆，而且造成对敌分割包围的有利态势。

郑军顺利登陆后，荷兰侵略者的要塞赤嵌楼、台湾城以及一些战舰，便处于分隔被围状态虽然荷军官兵的战斗力不强，但荷兰侵略军企图凭借船坚炮利和城堡坚固，趁郑军立足未稳，实施反击，将郑军赶下海去。

4月初的一天晚上，郑成功见赤嵌楼之敌炮击郑军禾寮港营寨，引起街市起火，急派户部都事杨英持令箭，督饬部队救火，抢运仓库物资，保护居民住宅。

与此同时，调整了兵力部署：令左护卫王大雄、右虎卫陈蟒率铳

郑成功海军作战图

安平港 我国台湾的重要渔港、工业区，位于台湾本岛西南岸。明末清初时，原为台湾进出主要门户，1624年荷兰入侵后，在沙洲岛上建筑城堡，名"热兰遮"。港口北侧有沙洲岛名北线尾，隔鹿耳门水道为加老湾沙洲岛。两处水口以内为辽阔的海湾水域。

船控制鹿耳门海口，以便接应第二梯队登陆；令宣毅前镇陈泽率兵防守北线尾一带，以保障主力侧后安全，并置台湾城荷军于腹背受敌的境地；另派兵一部进入台江，切断赤嵌楼与台湾城的联系。这样就为从海、陆两面打败荷军的反击做好了准备。

在海上，当荷军的4艘舰船企图阻击郑军时，郑成功以60艘战船由陈广和陈冲指挥，把荷舰包围起来，展开了激烈的炮战。荷军最大的"赫克托"号战舰首先开炮，其他荷舰也跟着开火。

郑军战船上的水兵们十分勇敢，从四面八方向"赫克托"号进行猛烈轰击。顿时，安平港外，浓烟弥漫，炮声震天，激起无数巨大的水柱。不久，"赫克托"号即被击沉。其他荷舰企图突围逃遁，又被郑军灵活的战船包围。

■ 郑家军的战船

　　郑军以6艘战船尾追"斯·格拉弗兰"号和"白鹭"号，很快追上敌舰。郑军士兵奋不顾身地同敌人展开了接舷战、肉搏战，同时又用火船去烧敌舰。郑军用铁链扣住"斯·格拉弗兰"号的船头斜桅，并登上甲板，与敌人进行白刃格斗。

　　有的荷舰被熊熊烈火吞灭了，有的荷舰不敢再战而逃回台湾城边。敌通信船"马利亚"号在战斗失败后逃往巴达维亚。

　　在陆战中，荷军也遭到惨重失败。战斗是在北线尾和赤嵌楼附近进行的。

　　郑军登陆北线尾后，荷兰舰长贝德尔率领240名士兵，乘船急驶北线尾，上岸后即分两路向郑军反击。

　　郑军在北线尾的部队约有4000人，郑将陈泽以大部兵力正面迎击，以七八百人迂回到敌军侧后，进行前后夹击。

　　荷军腹背受敌，手足无措，争相逃命。贝德尔上尉被击毙，荷军被歼180多人，其余的人逃回台湾城。

　　这时，荷军总督揆一应被围的赤嵌楼守军的请求，命阿尔多普上

尉率200名士兵渡海增援，企图解赤嵌楼之围。郑成功出动"铁人"迎击。

这些"铁人"双手挥舞大刀，头戴铁盔，身着铁铠甲，脚穿铁鞋奋勇向荷军砍去。200名荷军士兵，只有60名上了岸，其余都被"铁人"消灭了。阿尔多普见势不妙，赶紧率残部逃回了台湾城。

郑家军的印信

荷军在连遭失败之后，被迫龟缩在赤嵌楼和台湾城，再也不敢出战。郑军乘胜围攻赤嵌楼，并切断了荷军水源。

揆一负隅顽抗，拒绝投降，并妄图以年年纳贡并奉送劳师银10万两为条件，诱使郑军撤出台湾。对此，郑成功予以严辞驳斥，并强调指出："台湾为我故有，应当还我！"

郑成功亲自督师，围攻台湾城，并粉碎了荷军的反击，在台湾沿海立住了脚。

在郑军进逼下，台湾城一片混乱。荷兰侵略者在街市区放火，妄图把全市燃成灰烬，被郑军扑灭。郑成功一面准备攻城，一面两次给揆一写信，令其投降，遭到拒绝。于是，郑成功以28门大炮猛轰台湾城，摧毁了城上的大部胸墙，击伤许多荷军。

胸墙 即齐胸高的矮墙，我国古代为了便于射击和减少敌人火力可能造成的损害，在掩体前面和战壕边沿用土堆砌起来的矮墙。修筑工事的时候，用泥土或石头筑成的用以保护士兵的防护墙。一般位于战壕、掩体的上沿。

郑成功鉴于台湾城池坚固，强攻一时难以奏效，为了减少部队伤亡，进一步做好准备，决定改取长围久困，且耕且战的方针。他一方面派提督马信率兵驻扎台湾街围困荷军，另一方面把各镇兵分散到各地屯垦，以解决军粮不足的困难。

5月初，郑军第二梯队黄安、刘俊、颜望宗、胡靖、陈瑞、陈障等率军六镇，铳船20艘，兵6000人，抵达台湾，并从台湾城南面逼近该城城堡。

郑军在兵力得到加强，供给有了补充之后，在所有通向城堡的街道都筑起防栅，并挖了一道又宽又深的壕沟，以利对荷军的围困。同时，还准备了攻城器械和炮具。6月初，郑成功又三次写信给揆一谕降，但荷军等待巴达维亚派兵增援，仍拒绝投降。

郑成功在台湾作战期间，被郑军击败的"马利亚"号通信船，经过50多天的逆风行驶才逃到巴达维

■ 古代作战武器

赤崁楼 我国台湾地区的一级古迹，台南代表性的名胜。1653年荷兰人在此兴建普罗民遮城，郑成功驱逐荷兰人后将这里作为承天府署，后来清朝多次修缮。文昌阁与海神庙两座红瓦飞檐的中国传统建筑是赤崁楼的标记，海神庙位于南面，文昌阁位于北面，二者屋顶均是重檐歇山的表现。

亚，报告了荷军在台湾战败的消息。巴达维亚当局立即调集700名士兵、10艘战舰，在雅科布·考乌的率领下，赴台湾增援，7月到达台湾海面。

困兽台湾城的荷兰侵略者得到增援之后，力求迅速改变台湾城的被围状态，决定用新到的舰船和士兵，把郑军驱逐出台湾街市区，并击毁停泊在赤崁楼附近航道上的郑军船只。

双方在海上接战。郑成功令黄安抗击陆上进攻的荷军，亲统宣毅前镇陈泽及戎旗左右协水师陈继美、朱尧、罗蕴章等所率战船，在海上迎击荷舰。

荷舰企图迂回郑成功水军侧后，焚烧郑军船只，却反被郑军包围。郑成功水军一部隐蔽在岸边，当敌舰闯入埋伏圈后，火炮齐发。

经过一个小时的激战，击毁、烧毁荷舰2艘，俘

■ 古代作战枪枝

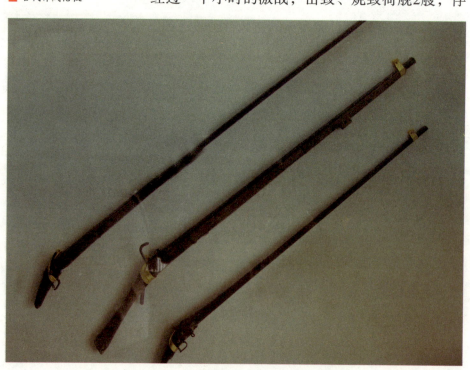

小艇3艘，使荷兰援军损失了一个艇长、一个副官、一个军曹和数百名士兵，另有一些人负伤。其余来援的荷舰逃往远海，再也不敢靠近台湾城。

被围荷军粮草匮乏，士气低落，不少士兵吃了发霉的食物而中毒，有一些还患有各种疾病，战死、病死、饿死者达1600多人。荷军的处境越来越困难了。

郑军围困台湾城8个多月，并进行了充分准备之后，便开始发起总攻。主攻目标是乌特利支堡。该堡是台湾城周围的外堡之一，坐落在台湾城南侧一个小山上，位置险要，是控扼台湾城的锁钥。

12月的一个清晨，郑成功下令炮轰乌特利支堡。经两小时激战，在南部打开了一个缺口，当天就占领了该堡。郑军立即将此堡改建成炮垒，居高临下地向台湾城猛烈轰击。

荷军困守孤城，已是水陆援绝，力竭难守。揆一慌忙召集紧急会议，与会者惶惶无主，乱作一团，对当时形势已完全绝望。

　　总督揆一见大势已去，决定由评议会出面同郑成功谈判，并签订了18款投降条约。根据条约规定，揆一于1662年2月1日率部投降。

　　至此，沦陷了38年的台湾重新回到祖国的怀抱，郑成功驱逐荷兰侵略者，收复台湾的伟大斗争，终于取得了胜利。

阅读链接

　　有一次，郑芝龙和郑成功父子在宾友陪同下乘船游江。船内吹箫弹琴，船外风鼓船帆，很有气派。邓芝龙眼前一亮，想出个对子考一考郑成功，就说："两舟并行，橹速不如帆快。"此联语带双关，"橹速"影射鲁肃，"帆快"隐喻樊哙，意思是"文官不如武将"。

　　聪敏过人郑成功很快想出了下联："八音齐奏，笛清难比箫和。"语音一落，满座叫绝。此联中"笛清"暗指狄青，"箫和"暗指萧何，意思是"武将难比文官"。

　　郑成功边读书边习武，终成文武全才。

努尔哈赤统一女真战争

努尔哈赤统一女真的战争，是建州女真首领努尔哈赤起兵复仇并统一女真各部的战争。努尔哈赤顺应历史发展的大趋势，使女真社会发生了翻天覆地的变化，奠定了他统一战争的基础。

女真的统一，在我国历史上占有重要的地位，它结束了女真族长期分裂混战的局面，顺应了历史发展的大趋势，对我国边疆地区的发展与巩固有着重大的作用，也为后来大清王朝的建立奠定了基础，并最终开创了大清王朝。

■ 努尔哈赤画像

■ 努尔哈赤雕像

女真族 又名女贞、女直，我国古代生活于东北地区的古老民族。17世纪初建州女真部逐渐强大，其首领努尔哈赤统一了女真诸部，1616年建立后金政权，至1636年，皇太极改女真族号为满洲，后来满洲人融合了蒙古族、汉族、朝鲜族等民族，逐渐形成今天的满族。

明朝初年，散居白山黑水一带的女真族，经过长期战争、迁徙、融合，逐步分化为建州女真、海西女真和东海女真三大部分。

女真各部地相交错，各自雄长、不相归一，长期处于分裂割据状态。加之明朝采取分而治之，相互牵制的分化政策，更加剧了女真族各部的混战。

1583年5月，建州女真首领努尔哈赤，以祖父和父亲留下的13副铠甲起兵，开始了长达30多年的统一战争。

努尔哈赤采取先内后外、先弱后强、远交近攻等策略，首先统一建州本部，继而夺取东海部，最后征服海西部。

起兵之初，努尔哈赤在建州女真中力量弱小。他虽以建州左卫都指挥使的封职和替父亲、祖父报仇的义名兴师，但并未得到所有族人的拥护。尼堪外兰反而被建州各部甚至同族一些寨主所庇护。于是，努尔哈赤首先着手解决建州左卫同族内部的分裂。

1584年初，努尔哈赤攻克兆佳城，俘李岱；6月克马尔敦城，大败纳木占、萨木占、讷申和完济汉等，基本上稳定了自己在建州左卫的统治地位。随着势力的加强，他不断出兵。7月，乘董鄂部内乱之机，取瓮鄂洛城，降服近邻董鄂部。

1585年初，努尔哈赤转兵西向，在太兰冈击败马尔敦、巴尔达等五寨联军，创造了以4个人大败五寨联军800人的奇迹。随即攻克苏克素护部的安土瓜尔佳城，杀城主诺谟珲。

1756年，攻略哲陈部的托漠河城，并乘势攻占尼堪外兰所居之鄂尔浑城，追斩尼堪外兰，征服苏克素护部。

1587年，努尔哈赤攻取克山寨，杀城主阿尔泰，

尼堪外兰　又作尼康外郎。尼堪外兰有"汉人秘书"或"掌汉文之小官吏"意，可见此名只是称呼，并非本名。明朝后期女真领袖之一。后被努尔哈赤击败。在古勒之役中随李成梁出征，并出面骗诱古勒寨守军投降，李成梁军始能攻克古勒寨。此役，努尔哈赤祖父、父亲战死，舅舅以及堂姐均遭杀害，此后努尔哈赤视尼堪外兰为杀父仇人。

157

近世时期

安邦定国

■ 女真骑兵

征服哲陈部。1588年，攻克完颜城，斩城主戴度墨尔根，收服完颜部。

经过几年的征战，努尔哈赤相继征服建州五部。从1591年始，努尔哈赤挥师东向，攻取鸭绿江路，相继征服珠舍里路和讷殷路，将长白山部纳入自己的势力范围。

由于努尔哈赤此前正式颁定国政，自称淑勒贝勒之后，就引起海西女真的不满。正当努尔哈赤率兵东向，征讨长白山各部的时候，海西女真叶赫部首领卜寨联合乌拉、辉发、哈达及蒙古科尔沁等9部向建州发动进攻。九部联军扎大营于浑河北岸，南向古勒山一带推进。

努尔哈赤闻讯，遂令将士安营扎寨，指授方略，鼓励士气，与联军对峙。同时进行周密的布置：令部将在赫济格城相对的联军必经之地古勒山上，据险设兵；又在入山道路两旁埋伏精兵；在山险要隘处置滚

■ 清朝官员顶戴

古勒山 位于辽宁新宾县上夹乡古楼村西北。1593年，在努尔哈赤统一女真的战争中，在古勒山一带大败海西女真叶赫等9部联军。古勒山之战对统一战争的胜利发展起到决定性作用。它打破了女真九部军事联盟，改变了建州女真和海西女真的力量对比，表明女真力量核心由海西而转为建州。努尔哈赤自此"军威大震，远迩慑服"。

木雷石等器械。确定了居高临下，依险固守，诱敌深入，以期伏兵制胜的作战计划。

交战开始，叶赫部卜寨、那林孛罗连续两天对赫济格城发动攻击，双方损耗极大。在关键时刻，努尔哈赤登上古勒山，派大将额亦都率精骑百人，驰至赫济格城诱战；令守山各军做好攻击准备。

额亦都至赫济格城交战不久，即佯败回退。叶赫卜寨等督队疾驰追杀直至古勒山下，争功而上。他们背对浑河，仰攻古勒山。

古勒山上滚木雷石齐下，建州兵奋力拼杀。卜寨不及躲避被杀，那林孛罗见状昏倒。联军失去主帅，各自夺路而逃。数万联军拥挤于河边沼泽或山间狭途，混乱不堪。蒙古明安贝勒，只身而逃。

努尔哈赤趁机督伏兵四面杀出，联军纷纷落水溺死。建州兵一直将联军追逐至百里之外，至天黑方收兵。在古勒山之战中，努尔哈赤沉着应敌一举获胜，为统一战争的胜利发展奠定了基础。

由于海西女真势力强大，难以迅速征服，努尔哈赤遂采取远交近攻、各个击破的策略。在与明朝深示臣服，与朝鲜、蒙古表示友善的同时，重点拉拢势力较强的叶赫、乌拉二部，与叶赫首领布杨古、锦台失联姻，椎牛刑马为盟，以便逐步孤立哈达部和辉发部。

建州女真所用的短炮

■ 清代铁索甲

经过几年的努力，努尔哈赤达到了完全孤立哈达部和辉发部的目的。1599年，努尔哈赤以背盟为由，灭掉哈达部，擒杀猛格孛罗。随后又以同样理由，消灭辉发部。

海西女真的削弱，使努尔哈赤得以全力进攻东海部。他连续进兵东海，相继征服渥集部的瑚叶路、那木都鲁、绥芬、宁古塔、尼马察、雅兰、乌尔古宸、木伦、西林等路，攻占渥集部东额赫库伦城。东海库尔喀部亦纷纷归附。

1616年，努尔哈赤首次派兵进入黑龙江、精奇里江、牛满河一带的萨哈连地区，攻占52村寨。至1618年，东海各部基本上为其所征服。

当年，努尔哈赤即汗位于赫图阿拉，被推尊为"英明汗"，年号天命。数年之后，努尔哈赤又定国号为后金，表示要恢复女真先世完颜阿骨打的事业。这样，一个新兴的后金政权就在东北地区出现了。

随着东海各部的相继征服，努尔哈赤转兵征讨海西。自辉发部被消灭，海西仅剩叶赫、乌拉二部。努尔哈赤以布占泰背盟负约为由，率军3万人征讨乌拉部，克其6座城池，尽毁其屯寨粮储。又攻克乌拉大城，消灭乌拉部。紧接着，以叶赫部藏匿乌拉部首领布占泰为由，出兵攻击叶赫、克乌苏等19座城寨。

正当努尔哈赤即将消灭叶赫部时，明朝出面干涉后金，并直接出兵驻守叶赫两城。努尔哈赤认为，如果不排除明朝的插足，统一战争就无法进行下去。于是，他从1618年4月开始转兵伐明。

1619年，明朝大军8.8万人，号称47万，云集辽沈。杨镐制定了作战方案，即兵分四路，分进合击，直捣后金政治中心赫图阿拉。

具体部署是，西路以山海关总兵杜松为主将，率兵2万余人，由沈阳出抚顺关，从西南进攻；北路以总兵马林为主将，率军2万余人，合叶赫兵2000余人，出靖安堡趋开原、铁岭，攻其北；南路以总兵李如柏为主将，率兵2万余人，经清河堡、鸦鹘关，从南面进攻；东路以总兵刘为主将，率官军1.5万人，会合朝鲜兵1.5万人，出宽甸攻其东。杨镐坐镇沈阳，居中指挥，限令四路明军于3月初会攻赫图阿拉。

但明军出动之前已经泄密，努尔哈赤得知后迅速作出决策。努尔哈赤正确分析判断敌情，认为明军东、南、北三路道路险远，不能马上到来，遂决定"凭尔几路来，我只一路去"，采取集中兵力、逐个

■ 清代腰刀和宝剑

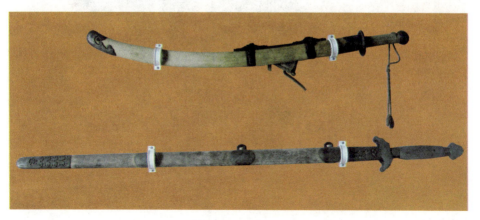

■ 女真骑兵

击破的作战方针。他把6万八旗兵集结于赫图阿拉附近，准备首先给予孤立冒进的明西路杜松军以迅雷不及掩耳的打击。

明东路刘军正由宽甸向西开进；北路马林军由开原出发，叶赫军尚未行动；南路李如柏虽已由清河堡出发，但行动迟缓；只有西路主力杜松部进至萨尔浒。杜松分兵为二，以主力在萨尔浒扎营驻守，自率万人攻打吉林崖。

努尔哈赤针对杜松分兵情况，派遣大贝勒代善等率两旗兵力增援吉林崖，截击杜松，使杜松部不能互援，自己亲率六旗兵力进攻萨尔浒的杜松军主力。

战斗打响后，萨尔浒大营的明军以炮、铳逆击抵挡。努尔哈赤的八旗铁骑奋力冲击，所向披靡，不多时即破其营垒，斩杀了很多明军。

而后，努尔哈赤又驰兵与代善会师，包围进攻吉

林崖的杜松。杜松虽奋力拼杀，无奈寡不敌众，力竭战死，部队溃败。

次日，努尔哈赤又挥师攻击进至尚间崖的明北路马林军。当时马林已知杜松被歼，遂在尚间崖一带就地驻扎防御。马林分兵为三，形成牛头阵，互为犄角。

后金军队集中兵力，逐个击破。八旗军奋勇冲击，短兵相接，使明军炮、铳失去威力。明军势不能敌，马林仅带数骑逃往开原，余众大溃。这样，北路明军又告失败。

女真贵族鎏金錾花马镫

击败马林后，努尔哈赤立即移兵南下，迎击明朝东路刘军。当时，刘不知西、北路失利，已进军至距赫图阿拉50里的地方。

努尔哈赤亲率4000兵守城，派遣主力设伏于阿布达里冈，另以少数兵卒冒充明军，持着杜松令箭，诈称杜松已逼近赫图阿拉，要刘速进会师。

刘中计，轻装急进，在阿布达里冈遭到后金军伏击，惨败，本人阵亡。然后，努尔哈赤乘势迫降了协同作战的朝鲜军队。

杨镐坐镇沈阳，闻听三路丧师后，急忙传檄李如柏军撤兵。李如柏军在回师途中，为后金的小股哨探所骚扰，军士惊恐逃奔，最后总算逃脱被全歼的命运。

萨尔浒之战是明朝与后金争夺辽东的关键性战役。努尔哈赤从此

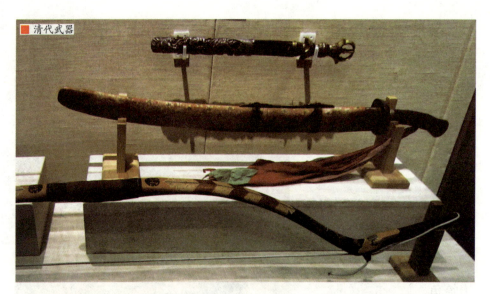

■ 清代武器

夺取了辽东战场主动权，为日后的进一步发展创造了有利条件。

1619年8月，努尔哈赤亲率大军围困叶赫部东、西两座城池，一举攻克，消灭叶赫部。至此，努尔哈赤基本上统一了女真各部。

努尔哈赤的统一战争，结束了女真族长期分裂混战的局面，顺应了历史的发展，对满族的形成和发展，对东北地区的统一，起到了重要的促进作用。

阅读链接

努尔哈赤出身建州女真的贵族家庭。祖父觉昌安和父亲塔克世，都是建州女真的贵族，被明朝封为建州左卫的官员。

努尔哈赤从小就练习骑马射箭，练得一身好武艺。10岁那年，母亲死去，他的继母待他不好。努尔哈赤不得不离开家庭，和当地小伙伴在一起，在莽莽林海里打猎、挖人参、采松子、拾蘑菇，然后把这些山货带到抚顺去卖掉，挣钱过活。

艰苦的生活锤炼出努尔哈赤顽强的性格，后来，他统一了女真各部，并建立了后金政权。